沿淮稻米全产业链生产经营管理技术规范

YANHUAI DAOMI QUANCHANYELIAN
SHENGCHAN JINGYING GUANLI JISHU GUIFAN

王冠军 等 编著

中国农业出版社

北 京

图书在版编目(CIP)数据

沿淮稻米全产业链生产经营管理技术规范 / 王冠军
等编著 . —北京:中国农业出版社,2023.7
ISBN 978-7-109-30831-2

Ⅰ.①沿… Ⅱ.①王… Ⅲ.①水稻－农业产业－产业
链－农业生产－经营管理－技术规范－颍上县 Ⅳ.
①F326.11-65

中国国家版本馆 CIP 数据核字(2023)第 118706 号

中国农业出版社出版

地址:北京市朝阳区麦子店街 18 号楼
邮编:100125
责任编辑:贾 彬　文字编辑:李 辉
版式设计:王 晨　责任校对:刘丽香
印刷:中农印务有限公司
版次:2023 年 7 月第 1 版
印次:2023 年 7 月北京第 1 次印刷
发行:新华书店北京发行所
开本:787mm×1092mm　1/16
印张:10
字数:237 千字
定价:68.00 元

本书编著人员

主　　编　王冠军
副 主 编　王　成　朱道才　杜世州　张卫建　武立权　周　凯
编著人员　（以姓氏笔画为序）

王　成	颍上县农业绿色发展推进中心
王冠军	颍上县农业绿色发展推进中心
朱　军	安徽农业大学
朱道才	安徽财经大学
乔玉强	安徽省农业科学院作物研究所
杜世州	安徽省农业科学院作物研究所
张　俊	中国农业科学院作物科学研究所
张卫建	中国农业科学院作物科学研究所
张向前	安徽省农业科学院作物研究所
武立权	安徽农业大学
周　凯	合肥工业大学
周　辉	合肥工业大学
郑成岩	中国农业科学院作物科学研究所
柯　健	安徽农业大学
郭利京	安徽财经大学
陶士宝	颍上县农业绿色发展推进中心
蔡克周	合肥工业大学
颜廷峰	安徽财经大学

打造"稻米全产业链"标准化颍上样板

（代前言）

粮食安全是国家安全的重要基石,是治国安邦的头等大事。习近平总书记高度重视粮食安全问题,多次强调"中国饭碗任何时候都要牢牢端在自己的手上""我们的饭碗应该主要装中国粮"。作为我国重要商品粮基地,颍上县在保障国家粮食安全和重要农产品有效供给上肩负着重要的责任。

标准化是现代农业发展的重要内容,是保障农产品质量安全、增加绿色优质农产品供给的有效途径。近年来,颍上县大力推进现代农业全产业链标准化体系构建,既保障了中国饭碗端得牢,又保障了中国饭碗"成色"足,为推动农业产业转型升级、增加农民收入提供了重要支撑。

按照"有标贯标、缺标补标、低标提标"的原则,《颍上国家现代农业产业园稻米全产业链生产经营管理技术规范》依据《现代农业全产业链标准化技术导则》(NY/T 4164—2022)编著,围绕水稻全产业链绿色高质量发展,颍上国家现代农业产业园组织中国农业科学院、合肥工业大学、安徽农业大学、安徽省农业科学院等单位专家,以"稻米产品"为主线、以"品质""品牌"为先导、以"全程质量控制"为核心,创制了涵盖稻田生态保育、水稻健康栽培、稻谷产后收储及适度加工、绿色生产等布局合理、指标科学、协调配套的稻米产业全产业链标准化技术体系。按照《农业综合标准化工作指南》(GB/T 31600—2015)及有关要求,因地制宜集成了特色鲜明、先进适用、操作性强的稻米产业标准综合体。通过组织开展"四个一"贯标活动(编制一套简明适用的标准宣贯材料、组建一支根植基层的标准专家服务队伍、组织一批有影响力的观摩培训活动、培育一批绿色优质农产品精品),将标准综合体转化为简便易懂的生产模式图、操作明白纸和风险管控手册,确保生产经营和管理者识标、懂标、用标。初步打造了一批以质量为导向的全产业链标准化生产基地,构建了一批以基地为载体的全产业链标准实施机制,培育了一批质量过得硬、品牌叫得响、带动能力强的绿色优质农产品精品,为保障农产品质量安全、增加绿色优质农产品供给和推动农业高质量发展提供有力支撑。

　　《颍上国家现代农业产业园稻米全产业链生产经营管理技术规范》的印发实施，充分发挥了颍上国家现代农业产业园组织化、规模化、产业化、标准化以及生产体系、管理体系、产品质量追溯体系等方面的优势，适应了我国大米产品消费多样化、优质化、健康化的趋势，是沿淮生态区稻米产业标准化体系建设的一次新突破。《颍上国家现代农业产业园稻米全产业链生产经营管理技术规范》既严格执行国家强制性标准"保底线"，又按照市场要求建立沿淮生态区稻米全产业链标准化体系"拉高线"，凸显了颍上国家现代农业产业园在水稻品质上的均一性、安全性、优异性等特点，对推动颍上优质稻谷产业发展和农民增收有着极其重要的作用，对颍上稻米品牌走向全国、走向世界具有重大的意义。

目　　录

第一章　稻田生态保育技术规范

耕地质量改良和稻田地力保育技术规范

1　范围

本文件规定了耕地质量改良和稻田地力保育目标、保育方法和保育关键技术等内容。

本文件适用于安徽省沿淮稻麦两熟区域。

2　规范性引用文件

下列文件中的内容通过文中的规范性引用而构成本文件必不可少的条款。其中,注日期的引用文件,仅该日期对应的版本适用于本文件;不注日期的引用文件,其最新版本(包括所有的修改单)适用于本文件。

GB 8080　绿肥种子

NY/T 87　土壤全钾测定法

NY/T 88　土壤全磷测定法

NY/T 496　肥料合理使用准则　通则

NY/T 500　秸秆粉碎还田机　作业质量

NY/T 525　有机肥料

NY/T 889　土壤速效钾和缓效钾含量的测定

NY/T 1004　秸秆还田及质量评价技术规范

NY/T 1121.1　土壤检测　第1部分:土壤样品的采集、处理和储存

NY/T 1121.6　土壤检测　第6部分:土壤有机质的测定

NY/T 1121.7　土壤检测　第7部分:土壤有效磷的测定

NY/T 1121.24　土壤检测　第24部分:土壤全氮的测定　自动定氮仪法

DB 34T 1785　紫云英、苕子与油菜混播绿肥高产栽培技术规程

DB 34/T 2863　稻麦轮作秸秆全量还田技术规程

DB 34/T 3640　紫云英-水稻秸秆协同还田技术规程

3 术语和定义

下列术语和定义适用于本文件。

3.1 耕地质量

耕地为作物生长提供并协调营养条件和环境条件的能力,包括土壤养分的数量、形态和土壤保肥、供肥性能,本文件中耕地质量界定为土壤有机质、全氮、全磷、全钾、水解性氮、有效磷和速效钾等保肥供肥性能指标。

3.2 地力保育

通过合理轮作、施用有机物料和无机肥料、耕作措施等手段,通过提高土壤有机质含量、改善土壤理化性质,使土壤肥力提升的农艺措施。

3.3 秸秆还田

作物收获时,将秸秆切碎均匀抛撒,直接或者堆积沤腐后施入土壤。

4 稻田肥力保育目标

4.1 土壤肥力指标

4.1.1 土壤样品的采集

土壤样品的采集、处理和储存按照 NY/T 1121.1 的规定执行。

根据土壤类型、肥力等级和地形等因素将采样范围划分为若干个采样单元,每个采样单元的土壤要尽可能均匀一致。要保证有足够多的采样点,使之能代表采样单元的土壤特性。采样点的多少,取决于采样范围的大小、采样区域的复杂程度和试验所要求的精密度等因素。

采样时应沿着一定的路线,按照"随机""等量"和"多点混合"的原则进行采样。"随机"即每一个采样点都是任意决定的,使采样单元内的所有点都有同等机会被采到;"等量"是要求每一点采集土样深度要一致,采样量要一致;"多点混合"是指把一个采样单元内各点所采的土样均匀混合构成一个混合样品,以提高样品的代表性,一个混合样品由 15 个～20 个样点组成。采样时应遵循以下方法:

a) 一般采用"S"形布点采样,能较好地克服耕作、施肥等农艺措施所造成的误差。但在地形变化小、地力较均匀、采样单元面积小的情况下,也可采用梅花形布点取样。每一个样要求有 15 个～20 个样点组成,采样后混匀。

b) 采样点的分布要尽量均匀,从总体上控制整个采样区,避免在堆过肥料的地方和田埂、沟边及特殊地形部位采样。

c) 每个采样点的取土深度及采样量应均匀一致,土样上层与下层的比例要相同。采样器应垂直于地面,入土至规定深度。用取土铲取样应先铲出一个耕层断面,再平行于断面下铲取土。

d) 一个混合土样取 1 kg 左右,如果采集的样品数量太多,可用四分法将多余的土壤弃去。方法是将采集的土壤样品放在盘子里或塑料布上,弄碎、混匀,铺成四方形,划对角线将土样分成 4 份,把对角的 2 份分别合并成 1 份,保留 1 份,弃去 1

份。如果所得的样品仍然很多,可再用四分法处理,直到所需数量为止。

e) 采集的样品放入样品袋,用铅笔写好标签,内外各具 1 张,注明采样地点、日期、采样深度、土壤名称、编号及采样人等,同时做好采样记录。

4.1.2 土壤样品的处理和储存

从野外采回的土壤样品要及时放在样品盘上,摊成薄薄的一层,置于干净整洁的室内通风处自然风干,严禁曝晒,并注意防止酸、碱等气体及灰尘的污染。风干样品过程中要经常翻动土样并将大土块捏碎以加速干燥,同时剔除土壤以外的侵入体。

将风干后的样品平铺在制样板上,用木棍或塑料棍碾压,并将植物残体、石块等侵入体和新生体剔除干净,细小已断的植物须根,可用静电吸附的方法清除。压碎的土样要全部通过 2 mm 孔径筛。未过筛的土粒必须重新碾压过筛,直至全部样品通过 2 mm 孔径筛为止。过 2 mm 孔径筛的土样可用于 pH、交换性能以及有效养分等项目的测定。将通过 2 mm 孔径筛的土样用四分法取出一部分继续碾磨,使之全部通过 0.25 mm 孔径筛,用于有机质、腐殖质组成、全氮、碳酸钙等项目的测定。

4.1.3 土壤肥力分级

土壤肥力标准分为高、中、低 3 个等级(见表 1)。其中,各组分测定具体方法如下。

表 1　主要土壤培肥指标及分级

土壤肥力等级	有机质 g/kg	全氮 g/kg	全磷 g/kg	全钾 g/kg	水解性氮 mg/kg	有效磷 mg/kg	速效钾 mg/kg
高	20～40	1～2	0.6～1	15～25	90～150	10～40	100～200
中	10～20	0.75～1	0.4～0.6	10～15	60～90	5～10	50～100
低	<10	<0.75	<0.4	<10	<60	<5	<50

a) 土壤有机质测定按 NY/T 1121.6 的规定执行。采用重铬酸钾容量法测定,即在加热条件下,用过量的重铬酸钾-硫酸溶液氧化土壤有机碳,多余的重铬酸钾用硫酸亚铁标准溶液滴定,由消耗的重铬酸钾量按氧化校正系数计算出有机碳量,再乘以常数 1.724,即为土壤有机质含量。

b) 土壤全氮测定按 NY/T 1121.24 的规定执行。采用自动定氮仪法测定,即用高锰酸钾将样品中的亚硝态氮氧化为硝态氮后,再用还原铁粉使全部硝态氮还原,在加速剂的参与下,用浓硫酸消煮,经过高温分解反应,将各种含氮化合物转化为铵态氮,碱化后蒸馏出来的氨用硼酸溶液吸收,用硫酸(或盐酸)标准溶液滴定,求出土壤全氮含量。

c) 土壤全磷测定按 NY/T 88 的规定执行。采用分光光度法测定,即土壤样品与氢氧化钠熔融,使土壤中含磷矿物与有机磷化合物全部转化为可溶性的正磷酸盐,用水和稀硫酸溶解熔块,在规定条件下样品溶液与钼锑抗显色剂反应,生成磷钼蓝,用分光光度计定量测定。

d) 土壤全钾测定按 NY/T 87 的规定执行。采用火焰光度法测定,即土壤中的有机物先用硝酸和高氯酸加热氧化,然后用氢氟酸分解硅酸盐等矿物,硅与氟形成四氟化硅逸去。继续加热至剩余的酸被赶尽,使矿质元素变成金属氧化物或盐类。用盐酸溶液溶解残渣,使钾转变为钾离子。经适当稀释后用火焰光度计测定溶液中的钾离子浓度,再换算为土壤全钾含量。

- e) 土壤水解性氮测定参考 LY/T 1229 的规定执行。采用碱解-扩散法测定,即用 1.8 mol/L 氢氧化钠溶液处理土壤,对于土壤硝态氮含量较高的土壤,须加还原剂还原,在扩散皿中,土壤于碱性条件下进行水解,使易水解态氮经碱解转化为铵态氮,扩散后由硼酸溶液吸收,用标准酸滴定,计算碱解氮的含量。潜育土壤由于硝态氮含量较低,不须加还原剂使其还原,可将氢氧化钠溶液浓度降低到 1.2 mol/L。
- f) 土壤有效磷测定按 NY/T 1121.7 的规定执行。采用紫外/可见分光光度计测定,即利用氟化铵-盐酸溶液浸提酸性土壤中有效磷,利用碳酸氢钠溶液浸提中性和石灰性土壤中有效磷,所提取出的磷以钼锑抗比色法测定,计算得出土壤样品中的有效磷含量。
- g) 土壤速效钾测定按 NY/T 889 的规定执行,采用火焰光度计法测定,即以中性 1 mol/L 乙酸铵溶液浸提,用火焰光度计进行测定。

4.2　土壤培肥目标

采取多种培肥措施,实现稻田地力由中等、低等转为高等;高等肥力土壤稻田,耕地质量更加均衡。

5　稻田肥力保育方法

5.1　中等、低等土壤肥力稻田宜采用秸秆还田、增施有机肥、种植绿肥和轮耕等技术。

5.2　高等土壤肥力稻田宜采用秸秆还田技术和轮耕技术。

5.3　不同等级的稻田需配合土壤深耕技术,适当增加耕层厚度,扩充耕层库容。

5.4　部分中低等土壤肥力稻田宜有机肥和无机肥配施以及优化化肥用量,并补充中、微量元素。

6　稻田地力保育关键技术

6.1　秸秆还田

作物收获时选用带有切碎和抛撒装置的联合收割机,将小麦或水稻秸秆切碎后均匀地抛撒在田面,小麦和水稻秸秆粉碎质量应分别符合 NY/T 500 和 NY/T 1004 的规定。

在小麦完熟初期,籽粒含水率 10%～25% 时进行机械收割。采用安装秸秆粉碎抛撒装置的小麦联合收割机进行适时收获,一次性完成小麦收获和秸秆粉碎抛撒作业,秸秆粉碎长度 ≤15 cm,留茬高度 ≤8 cm,还田秸秆切碎合格率≥90%,抛撒不均匀率≤20%,漏切率≤1.5%,秸秆切碎后应达到软、散、无圆柱段和硬节段,抛撒均匀,没有堆积和条状堆积。

水稻蜡熟后期或完熟前期收获,收获时水稻籽粒含水率以 20%～25% 为宜。选择带有秸秆切碎与抛撒装置的水稻联合收割机。收获的同时进行秸秆切碎,水稻茎秆切碎长度≤15 cm,并均匀抛撒,割茬高度 ≤8 cm,秸秆抛撒不均匀率≤30%,粉碎长度合格率≥85%,漏切率≤1.5%,且无明显漏切。

秸秆还田后田间管理措施按 DB 34/T 2863 的规定执行。秸秆还田后使用大功率拖拉机带动相应幅宽的反旋灭茬旋耕机具,避免或减少重耕、漏耕及小角度转弯次数,2 次作业(纵横向交叉)提高埋茬效果;旋耕埋茬深度≥15 cm,耕深稳定系数≥85%,碎土系数≥90%。中功率拖拉机深旋耕埋茬 1 次,浅旋耕 1 次,旋耕埋茬深度≥12 cm。也可按照 15 kg/hm² ～ 30 kg/hm² 的用量将秸秆腐熟剂用细泥土拌匀后撒施到秸秆表面,起到秸秆促腐的作用。活棵后连续多次排水露田(一次 2 d～3 d),透气增氧,促进土壤气体交换和秸秆腐解产生的有害物质挥发释放,降低其对秧苗的不利影响。另外,秸秆还田后可按每 100 kg 秸秆增施 0.5 kg 纯氮比例增施氮肥,增加基肥中速效氮肥(如尿素)比例,调节碳氮比促进秸秆快速腐解。同时,降低中期氮肥用量,增施拔节肥。秸秆连续还田 2 年～3 年后,总用肥量可逐渐减少,其中氮肥可在原来基础上减少 10%～15%,钾肥减少 15%～20%。

6.2　肥料施用

6.2.1　水稻季施肥

施用纯氮(220 kg/hm²～240 kg/hm²)、P_2O_5(80 kg/hm²～100 kg/hm²)、K_2O(115 kg/hm²～135 kg/hm²)、40% 的氮肥、全部磷肥和 60% 钾肥作基肥,30% 氮肥作分蘖肥,30% 氮肥、40% 钾肥作穗肥。即尿素(含量 46.6%)总用量 472 kg/hm²～515 kg/hm²,过磷酸钙(含量 12%)总用量 667 kg/hm²～833 kg/hm²,硫酸钾(含量 50%)总用量 230 kg/hm²～270 kg/hm²。其中,基肥施用尿素 188.8 kg/hm²～206 kg/hm²,过磷酸钙 667 kg/hm²～833 kg/hm² 和硫酸钾 138 kg/hm²～163 kg/hm²;分蘖肥施用尿素 142 kg/hm²～155 kg/hm²,穗肥施用尿素 142 kg/hm²～155 kg/hm² 和硫酸钾 92 kg/hm²～108 kg/hm²。

6.2.2　小麦季施肥

施用纯氮(210 kg/hm²～240 kg/hm²)、P_2O_5(90 kg/hm²～110 kg/hm²)、K_2O(120 kg/hm²～150 kg/hm²)、40% 的氮肥、全部磷肥和 60% 钾肥作基肥,30% 氮肥作腊肥,30% 氮肥、40% 钾肥作拔节肥。即尿素(含量 46.6%)总用量 451 kg/hm²～515 kg/hm²,过磷酸钙(含量 12%)总用量 750 kg/hm²～917 kg/hm²,硫酸钾(含量 50%)总用量 240 kg/hm²～300 kg/hm²。其中,基肥施用尿素 180 kg/hm²～206 kg/hm²,过磷酸钙 750 kg/hm²～917 kg/hm² 和硫酸钾 144 kg/hm²～180 kg/hm²;腊肥施用尿素 135 kg/hm²～155 kg/hm²,穗肥施用尿素 135 kg/hm²～155 kg/hm² 和硫酸钾 96 kg/hm²～120 kg/hm²。

6.3　有机肥增施

有机肥料应符合 NY/T 525 的规定,有机质含量(以干基计)≥30%,总养分($N+P_2O_5+K_2O$)含量(以干基计)≥4%,水分(游离水)含量≤30%,pH5.5～8.0。采用有机肥和生物有机肥作基肥一次性施入。水稻移栽前或小麦播种前 2 d～3 d 均匀一次性施入,有机肥施用量 1 800 kg/hm²～3 000 kg/hm²。肥料施用应符合 NY/T 496 的规定。

6.4　绿肥种植和翻压

6.4.1　绿肥种类

以豆科绿肥苕子、紫云英为主,也可用油菜等。依据区域降水量、积温选择适宜的绿肥种类。苕子、紫云英等种子质量必须符合 GB 8080 中规定的三级良种,即纯度≥94%、净度≥93%、发芽率≥80%、含水率≤10%。

a) 苕子宜选用中熟或晚熟的毛叶苕子品种,如徐苕一号等;

b) 油菜成熟期较晚,一般选择早熟、多抗、高硫苷的白菜型油菜品种,如中油 821、白杂 1 号、绵新油 12 等;

c) 紫云英宜选择弋江种、平湖大叶种、皖紫 2 号、宁波大桥种等。

6.4.2 绿肥种植

绿肥种植时间、播种量、播种方法应按 DB 34/T 3640 和 DB 34T 1785 的规定执行。单季中稻区在收割后直接播种,应抢时、及早播种,一般播种时间不迟于 10 月中旬;也可在中稻收割前 15d～25d 稻田套播,应在 9 月底至 10 月上中旬水稻勾头灌浆期稻田套播,稻田套播共生时间不超过 25 d。一般苕子播种量 18 kg/hm² ～ 36 kg/hm²,紫云英播种量 11.25 kg/hm² ～ 15 kg/hm²,油菜播种量 1.5 kg/hm² ～ 2.25 kg/hm²,

播种方式采用水稻收获前稻田套播或水稻收获后直播的方式。

a) 稻田套播。一般水稻留高茬收获,留稻茬 30 cm～40 cm,收获前稻田套播,且当田间覆盖秸秆总量≥5 250 kg/hm² 时,秸秆切碎长度≥25 cm 均匀抛撒,用种量适当增加 20％左右;当田间覆盖秸秆总量＜5 250 kg/hm² 时,秸秆粉碎长度≤10 cm 均匀抛撒,可适当减少用量 20％左右。该方式以人工撒播为主,有条件的地方可使用机动喷粉器喷播。人工撒播要均匀,采取"分畦定量、握籽少、看得准、抛得高、跨步均、来回或纵横交叉"的方式播种。

b) 直播。水稻收获后 2 d～3 d 内,用人工、机动喷粉器或者直播机播种,一般水稻采用留高茬收获,留稻茬 35 cm～45 cm,秸秆粉碎长度≤10 cm,均匀抛撒。直播机械可采用油菜免耕直播机,进行开沟、播种、覆盖一体化作业,一般幅宽 2.5 m,沟深 20 cm～25 cm,沟宽 10 cm～15 cm。具体田间肥料和水分管理参照 DB 34T 1785。

6.4.3 绿肥翻压

翻压时间根据水稻播种或者栽插时间来定,一般移栽中稻前 10 d～15 d。通常苕子翻压时间在盛蕾期至始花期,油菜在上花下荚期,紫云英在初花到盛花期。采用深耕深沤的方法,翻压深度 15 cm～18 cm,建议采用干耕,用圆盘犁或者反转旋耕机进行全部翻压,3 d～5 d 后待犁垡晒白再灌浅水耙田。生物量大的绿肥采取先灭茬再翻压还田。

6.5 轮耕

采取轮耕的方式,耕层厚度＞15 cm 稻田每 3 年～4 年水稻收获后配合秸秆还田进行 1 次深翻作业,翻耕深度 25 cm 左右;耕层深度＜15 cm 稻田则每 2 年～3 年在水稻收获后配合秸秆还田进行 1 次深翻作业,翻耕深度＞25 cm。

数字生态稻田建设技术规范

1 范围

本文件规定了数字生态稻田的建设原则、建设条件、建设要求和建设内容。

本文件适用于沿淮区域数字生态稻田的建设。

2 规范性引用文件

下列文件中的内容通过文中的规范性引用而构成本文件必不可少的条款。其中,注日期的引用文件,仅该日期对应的版本适用于本文件;不注日期的引用文件,其最新版本(包括所有的修改单)适用于本部分。

GB 5084 农田灌溉水质标准

GB 15618 土壤环境质量 农用地土壤污染风险管控标准(试行)

GB/T 25246 畜禽粪便还田技术规范

GB/T 33469 耕地质量等级

GB/T 50363 节水灌溉工程技术标准

NY/T 391 绿色食品 产地环境质量

NY/T 393 绿色食品 农药使用准则

NY/T 394 绿色食品 肥料使用准则

NY/T 496 肥料合理使用准则 通则

NY/T 3020 农作物秸秆综合利用技术通则

SC/T 1135 稻渔综合种养技术规范

DB 34/T 679 安徽省行业用水定额

3 术语和定义

以下术语和定义适用于本文件。

3.1 生态稻田

按照生态学和经济学原理,遵循"整体、协调、多样、循环、高效"理念,综合运用传统农耕文明和现代科技成果建成的生产性能稳、生态功能健全、综合效益大幅提升的稻田系统。

3.2 稻田数字管理系统

基于计算机软硬件和网络环境,集成卫星遥感、物联网、智能装备等现代信息技术与农业科学相结合,对稻田系统的结构、要素、过程与管理进行二进制及模型化表达,构建以数字化、网络化、自动化等为特征的计算机管理和应用系统,辅助稻田生产科学决策、调控与管理。

4 建设原则

4.1 遵循绿色发展理念,促进稻田生产和生态和谐发展。

4.2　通过工程建设和数字管理,逐步增加数字生态稻田面积,持续提高稻田生态服务功能,实现资源高效利用、绿色产品多元、产量质量稳定提升。

4.3　尊重农民意愿,维护农民权益,引导农民群众、新型农业经营主体、农村集体经济组织和各类社会资本有序参与建设。

5　建设条件

与周边农田边界清晰,且集中连片。产地环境条件应符合 GB 15618 和 NY/T 391 的规定。

6　建设要求

6.1　规模要求

数字生态稻田建设 1 个单元面积不少于 10 hm²。

6.2　生物多样性要求

6.2.1　生态用地占比

数字生态稻田包括田埂、沟塘、道路、河湖堤岸等多种生态单元,田埂、沟塘其用地总面积应占稻田面积的比例为 7%～10%。

6.2.2　水稻品种

采用合理间作模式种植的水稻品种不宜少于 2 个。

6.2.3　产出多元化

除水稻产品外,其他农作物或水生动物产品应不少于 2 个。

6.3　资源高效利用

氮磷化肥高效利用,生态绿色防控全面覆盖,有机废弃物全部综合利用,化学农药包装物全部回收。

6.4　抗灾能力

抗洪涝能力、沟塘蓄水对缓解旱情的作用及抵御病虫灾害能力明显提升。

6.5　净化能力

稻田尾水水质应符合 GB 5084 的规定。

7　建设内容

7.1　生态工程措施

7.1.1　生态田埂

宜为高度大于 20 cm、宽度大于 30 cm 的田埂,土壤紧实度高,田埂两侧种植具有经济、诱集、蜜源或显花等功能的乡土草本植物。

推荐的植物品种如下。

　　a)　蜜源植物:大豆、蚕豆、薄荷、芝麻、苕子、波斯菊、硫华菊、杂草;

　　b)　诱集植物:香根草。

7.1.2　生态廊道

田间道(机耕路)的景观廊道宽度应大于 3 m,堤岸两侧的生态廊道宽度不宜小于 6 m。

生态廊道宜采用乔灌草结合,且冠层交错搭配,植物优选具有景观、经济功能及易养护的乡土品种。

推荐的植物品种

a)　乔木:香樟;

b)　灌木:桑树、水马桑、金银花、紫穗槐;

c)　草本植物:野菊花、紫苏、艾蒿。

7.1.3　退水生态净化

采用环境工程、生物工程、水利及建筑工程技术等相结合的污染物阻控措施,对稻田退水进行拦截减污,然后经调蓄处理、灌溉回用后实现稻田退水的超低排放。

7.1.3.1　开放型

一般水稻产区优先选用,宜在无退养水塘、"断头河沟",且无条件建设生态调蓄塘的地区建设;建设路线为稻田—生态拦截沟—生态净化带—受纳水体。

7.1.3.2　半封闭型

国控、省控断面控制区优先选用,宜在无退养水塘、"断头河沟",但有条件建设生态调蓄塘的地区建设;建设路线为稻田—生态拦截沟—生态调蓄塘—生态净化带—受纳水体。

7.1.3.3　全封闭型

饮用水源保护区优先选用,宜在有退养水塘、"断头河沟"的地区建设;建设路线为稻田—生态拦截沟—生态调蓄塘—"三池两坝"(沉淀池—过滤坝—曝气池—过滤坝—净化池)—生态净化带—受纳水体。

7.1.3.4　模式选择

依据经济发展水平差异,GDP 中等水平以上地区适宜采用全封闭型(10%)+半封闭型(90%)的组合模式;GDP 中等水平以下地区适宜采用全封闭型(5%)+半封闭型(45%)+开放型(50%)的组合模式。

7.2　农艺农机措施

7.2.1　绿色水稻品种配置

选择经审定且符合《水稻绿色品种指标体系》的品种不少于 2 个,每个品种总的种植面积不宜低于 15%。单一品种最小的种植单元不宜少于 667 m²。禁用经辐照技术或基因工程技术选育的水稻品种(种子)。推荐发展观光稻、特种稻、功能稻。

7.2.2　轮作或间作

小春作物宜选择蚕豆、油菜、麦类等作物与水稻轮作;填闲作物宜选择光叶紫花苕子、牧草、肥田萝卜等绿肥作物种植;推荐发展稻肥、稻菜、稻瓜、稻果、稻菇等轮作模式。

7.2.3　土壤培肥

采用秸秆、畜禽粪便、绿肥等进行培肥土壤,减少氮磷化肥的投入量。秸秆还田应符合 NY/T 3020 的规定,还田利用率不低于 85%。畜禽粪便还田应符合 GB/T 25246 和《农业农村部办公厅　生态环境部办公厅关于进一步明确畜禽粪污还田利用要求强化养殖污染监管的通知》(农办牧〔2020〕23 号)的规定。

7.2.4　精准施肥

根据基础地力、目标产量,依据斯坦福(Stanford)差值法确定合理的氮磷投入量。在总施氮量一定情况下,用 30%～40% 有机肥替代化肥作为基肥。化肥优先选择缓控释肥、缓混一次肥等新型肥料,并配套相应的施肥技术,其他要求按 NY/T 394 和 NY/T 496 的规定执行。施氮总量按公式(1)计算。

$$施 N 总量(kg)= \frac{目标产量需氮量(kg)-土壤供氮量(kg)}{氮肥的当季利用率(\%)} \quad\cdots\cdots\cdots\cdots (1)$$

7.2.4.1　肥料运筹

适度减少氮肥施用量或施氮时期前移,基肥:分蘖肥:穗肥以 4:3:3 或 4:4:2 的比例较为适宜。稳定磷肥施用量或适量减磷,磷肥全部作为基肥。增施钾肥或中后期适量补钾。倒二叶期叶面喷施水溶性硅锌肥 100 g/667 m²～200 g/667 m²(折合有效硅 20 g/667 m²～40 g/667 m²)。

7.2.4.2　机插侧深缓混一次性施肥

将缓混肥与水稻机插侧深施肥技术相结合,在水稻插秧的同时,同步将颗粒状肥料定位、定量、均匀地施于秧苗侧 3.0 cm～5.0 cm,深度 4.0 cm～5.0 cm 的位置,实现机插水稻"一次施肥、一生供肥"。

7.2.5　精准灌溉

"薄、浅、湿、晒"灌溉应符合 GB/T 50363 和 DB 34/T 679 的规定,灌溉水源优先利用生态景观沟、塘中拦蓄的稻田尾水。

7.2.6　绿色防控

采用农艺、物理和生物等措施,选择高效、生态友好型农药,农药使用符合 NY/T 393 的规定。禁用化学植物生长调节物质及含基因工程生物/转基因生物及其衍生物的农业投入物质。

7.2.6.1　病虫害简约化防控

应用基于种子处理的病虫害"一拌一调一喷"简约化防控技术,控病防虫。

7.2.6.2　草害

a) 物理生态控草:采取"断源、截流、网捞、竭库"措施,在田间进水口加装滤网,防止草籽入田;待田间草籽漂浮到田角时,再实施人工网捞;通过秸秆还田、中耕除草等,培育壮苗健苗,营造"苗欺草"的良好农田生态。按照"四级目测法"监测农田苗期杂草密度。根据田间杂草发生程度,在当茬和下茬作物田协调使用化学除草与"截流、网捞"生态控草技术,逐步减少化学除草剂用药次数。

b) 稻鸭共育除草:每 667 m² 放养疫用鸭 15 只～20 只,除草、除虫、防病。

7.2.6.3　虫害

应用性诱、色(食)诱、择期释蜂等物理生化诱杀措施减轻虫害。

7.2.6.4　病害

喷施 5% 氨基寡糖素、2% 宁南霉素、毒氟磷、菇类多糖、海岛素、几丁聚糖、枯草芽孢杆菌等植物免疫诱抗剂,促进根系发育、苗齐苗壮,提高抗逆性、增强抗病能力。

7.2.7　健康栽培

7.2.7.1　播种时间

根据当地温光条件、播种方式、耕作制度,选择适宜的绿色优质品种,科学地确定适宜的播种、移栽时期,力争水稻抽穗后 30 d 内最适宜的日平均温度维持在 23 ℃左右,使食味品质形成关键时期与最佳温光条件时期同步。

7.2.7.2　栽插密度

通过扩大行距,缩小株距,调整通风透光性,使群体能够有效利用光能,保证个体正常发育和群体协调发展,一般采用行距 25 cm～30 cm,株距 12 cm～16 cm。运用门司正三公式,依据品种株型结构特征,确定最大最适叶面积指数、亩*适宜穗数,根据秧苗素质(秧龄),确定合理的栽插基本苗数,按公式(2)计算。

$$合理基本苗(x)＝亩适宜穗数(y)/单株成穗数(ES) \quad\cdots\cdots\cdots\cdots (2)$$

小苗和直播稻的单株成穗数按公式(3)计算。

$$ES＝1(主茎)＋(N-n-SN-bn-a)Cr(分蘖穗) \quad\cdots\cdots\cdots\cdots (3)$$

式中:

N——总叶片数;

n——伸长节间数;

SN——移栽叶龄;

bn——移栽至始蘖的间隔叶龄;

a——在 $N-n$ 叶龄前够苗的叶龄调节值(一般在 0.5～1,多数为 1);

C——应变比率;

r——分蘖发生率。

中、大苗移栽的单株成穗数按公式(4)计算。

$$ES＝(1+t_1)＋[(1+t_1)(N-n-SN-1-a)Cr_1]+t_2r_2＝(1+t_1)$$
$$[1+(N-n-SN-1-a)Cr_1]+t_2r_2 \quad\cdots\cdots\cdots\cdots (4)$$

式中:

r_1、r_2——分蘖发生率;

t_1——3 叶以上大分蘖数;

t_2——2 叶以下小分蘖数。

7.2.7.3　栽培方式

根据气候生态条件选择适宜的水稻品种类型,并合理选择手栽、机插或机械直播栽培方式。

7.2.7.4　集中育秧

突出控种、控水、化控等育秧环节,培育适于毯苗(钵苗)机插和综合种养应用的适龄壮秧。

---

* 亩为非法定计量单位,1 亩＝1/15 公顷。

7.2.7.5 精确定量栽培

根据水稻高产的生育规律,在"三适宜"(适宜的最少作业次数、最适宜的生育时期、最适宜的物化技术数量)上精确定量,使水稻栽培管理"生育依模式,诊断看指标,调控按规范,措施能定量"。

7.2.8 稻渔共作

稻渔(稻鸭、稻虾、稻鱼、稻鳅、稻蟹)共作应根据共生的水生动物类型,控制好水稻栽秧的密度和水生动物的投放密度,沟坑占比、施肥、病虫草害防治、渔用药物施用等,具体技术指标要符合 SC/T 1135 的规定。

7.2.9 废弃物利用回收

湿地生态景观稻田内的秸秆,应全部实现资源化利用,资源化利用符合 NY/T 3020 的要求,禁止焚烧。化学农药包装物全部回收。

7.3 稻田数字管理

通过传感器、物联网和卫星遥感等全方位智能感知体系以及作物种植全过程智能决策体系,对水稻种植全过程进行健康评测,监测稻田病虫草害发生情况,实现全程数字化生产、可视化管理和智能化决策。利用物联网、人工智能和卫星导航技术控制智能终端,指挥无人机、田间机器人全要素精准作业,实现农业管理更智慧、更高效。

7.3.1 智能感知体系

7.3.1.1 地面信息

使用温湿度、光照、光合有效辐射、雨量、风速、风向、气压等传感器采集地面信息。

7.3.1.2 地下信息

使用土壤温度、水分、水位、养分含量(N、P、K)、溶氧、pH 等传感器采集地下信息。

7.3.2 智能决策体系

7.3.2.1 无线传输

通过 GPRS 传输方式将采集的田间数据传输到软件平台。

7.3.2.2 数据看板

实现稻田种植数据可视化。

7.3.2.3 分析决策

将水稻管理按物候期划分为若干个模块、算法,通过解析与水稻物候期有关的相关数据,便于在不同阶段、关键决策环节中做出水稻管理智能决策,确定最佳时间,实施精准作业。

7.4 稻作文化设计

培育"水稻主题公园""稻作文化乐园""功能味'稻'田园"等,挖掘宣传稻耕文化,推进稻米一二三产业融合发展。

7.5 农田质量监测

7.5.1 耕地质量定位监测

设立耕地质量固定采样标志碑,长期跟踪评估耕地地力变化情况,为科学规划数字生态稻田质量提升技术体系提供数据。按 GB/T 33469 黄淮海区耕地质量划分指标中 3 等地以上指标的规定执行。

7.5.2　农田排灌水在线监测

在农田水系和排灌水入水口和排水口,建设水质野外在线监测系统,监测排灌水流量、COD、BOD5、总氮、总磷、农药等指标。布设一定数量的地下水观测井,与地表水进行同步监测。按 GB 5084 的规定执行。

7.5.3　气象要素观测指标与观测

参照 DB 21/T 2611 的指标观测。

7.6　稻田生态系统服务及经济价值测算

全程监控生产全过程,为追溯产品质量安全、清洁生产、生态安全提供支撑。

<h1 style="text-align:center">附　录　A</h1>

(规范性)

<h2 style="text-align:center">数字生态稻田退水生态净化工程设计基本要求</h2>

稻田退水生态净化建设中供水、灌溉工程的等级一般按照五等水利工程、五级水工建筑物级别设计;防洪排涝工程永久性水工建筑物按20年一遇洪水确定,排涝标准按10年一遇洪水确定;防渍标准应保证地下水位在降水及灌水后一定时期内下降到作物的耐渍深度以下,保持农作物正常生长;灌溉系统应以原有水源为基础,设计水源保证率在90%以上,做到管理设施、泵站、道路、管道综合考虑、统一规划和管理,并保证灌溉高峰期无雨不受旱。

A.1　稻田退水生态净化工程建设技术模式

见图 A.1。

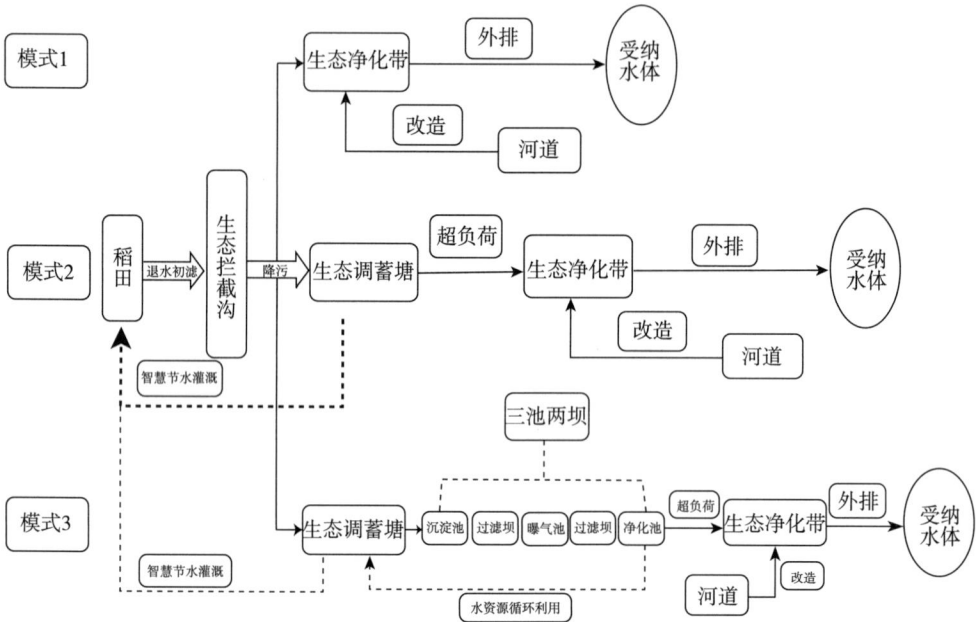

图 A.1　稻田退水生态净化工程建设技术模式

A.2　灌溉系统

应依据地形、田块道路等情况布设灌溉管道。灌区划分应结合地块分布情况,尽量使各组灌溉面积相当(宜控制在 0.2 hm² ~ 0.3 hm²),以保证相同面积总的流量也大体相等。

A.3　生态拦截沟

由主干排水沟、生态拦截辅助设施、植物等组成,应按照灌溉规模、地形条件、交通与耕作要求合理建设,宜利用原有灌排沟渠进行改造。生态拦截沟断面的设计应兼顾安全、稳定、经济等原则,主干沟长度宜在 300 m 以上,过流断面底宽和深度不宜小于 0.4 m,边坡系数的确定应根据施工要求、土质、沟深、美观、耐久性等综合考虑,通常取1∶3。沟壁与土壤接合处不应衬砌或搭建不透水护面,可选用稳定性强且利于护坡植物定植的连锁式水工砖。生态拦截辅助设施应至少包括底泥捕获井、拦水坎、生态浮岛、氮磷去除模块、生态透水坝、节制闸;其中,氮磷去除模块安装于底泥捕获井中,模块内装有陶粒、火山岩等对氮、磷吸附性能较好且结构稳定的多孔性基质,底泥捕获井的宽度应不小于沟渠底宽,井长大于1 m,模块宽度应为底泥捕获井宽度的一半以上,厚度应在0.1 m以上。沟渠内的植物应以本土沉水、挺水、护坡植物为主。

A.3.1　推荐的植物品种

  a)　沟底净水植物:黄花鸢尾;

  b)　沟坡(顶)诱集植物:香根草。

A.4　生态调蓄塘

  兼具净水和蓄水双重功能,宜利用周边洼地、旧塘改造建设有效深度为1 m～2 m的兼氧生态调蓄塘。生态调蓄塘进水口宜为多点设置,进水口前端设置栅格,塘底应平整并略具坡度(重力自流方式)向出水口倾斜。从生态、经济和材料来源等方面考虑,生态调蓄塘护坡宜选用以下2种方式:常水位以下以1∶2.5连锁式水工砖护坡,护坡坡脚采用素砼镇脚,常水位以上用草皮护坡。生态调蓄塘最高水位线以上宜选择乡土乔、灌、草搭配的护坡植物,最高水位线以下适宜挺水植物、沉水植物和浮水植物搭配种植,水面植物的郁闭度控制在20%～30%。塘内引进滤食性鱼类等一种或多种水生动物,控制好养殖密度,不投人工饵料,避免人工饵料污染水体。

A.4.1　推荐的动、植物品种

  依据对水质指标总氮(TN)、总磷(TP)、硝态氮(NO_2-N)、氨态氮(NH_3-N)、化学需氧量(COD)、生化需氧量(BOD_5)去除效果:

A.4.1.1　最高水位线以上;

  a)　乔木:紫穗槐;

  b)　灌木:金银花;

  c)　草本植物:艾蒿。

A.4.1.2　最高水位线以下

  a)　挺水植物:风车草、芦竹、西伯利亚鸢尾、芦苇、水生美人蕉、香蒲、水芹、茭白;

  b)　浮水植物:浮萍、菱、睡莲、荇菜(水面植物的郁闭度控制在20%～30%);

  c)　沉水植物:绿狐尾藻、水蕴草、轮叶黑藻、金鱼藻、苦草、菹草;

  d)　滤食性鱼类:螺蛳、鲇、鲢、鳙、草鱼、鲫。

A.5　"三池两坝"

  位于生态调蓄塘的后端,由沉淀池—过滤坝—曝气池—过滤坝—净化池构成。沉淀池以沉淀大颗粒为主要功能,面积宜占"三池两坝"设施总面积的40%～50%;为防止汛期水量突然增大或来水含泥沙量突然增加,宜设置人工强化促沉措施作为应急设施。曝气池宜占"三池两坝"设施总面积的 15%～25%；池内宜合理布设一定比例的仿生水草，以充分氧化有机物；池底与池壁应进行硬化或水泥板护坡，以防止水体中悬浮物浓度过高堵塞曝气头。净化池作为稻田排水进入受纳水体的最后一道屏障，面积宜占"三池两坝"设施总面积的 30%～45%；池内应合理配置水生植物、仿生水草（PV-100 聚丙烯）等材料，宜配合加入微生物菌剂，加速分解水体中有机物；池壁宜采用草皮或低矮灌木进行护坡。两级过滤坝分别设置在沉淀池和曝气池后，宜选用空心砖、碎石等搭建其外部墙体，坝体内应放置不同粒级滤料；坝前应设置一道细网材质的挡网，以拦截落叶等漂浮物；坝体上宜配置植物，且应注重汛期泄洪设施配套。

A.6 生态净化带

农田退水受纳水体设置主要由仿生水草（PV-100 聚丙烯）和曝气设施（包括曝气机、曝气头等部件）构成。仿生水草是一种由碳素纤维制成、形状似沉水植物的生态产品，其良好的黏附与吸附作用可为生物膜附着提供良好空间，促使小颗粒悬浮物在与其接触过程中沉降；仿生水草无须进行光合作用，宜布置在水深超过 1 m 的位置，长度可视实际情况灵活布置；安装时宜选用沉底式，且应在水体过流断面上平均分布，以达到最佳的水利条件，减少断流。曝气机应主要布设在仿生水草集中区域，布设间距视河道宽度而定，宜大于 100 m，工作时水面应无明显大气泡。曝气机与仿生水草间的距离宜控制在 5 m 左右。

附　录　B

（资料性）

数字生态稻田农事管理（轮作）记录表

数字生态稻田农事管理（轮作）记录表见表 B.1。

表 B.1　数字生态稻田农事管理（轮作）记录表

生产单元名称：

轮作作物名称		轮作作物面积,hm²		地块号	
轮作条件与效果评价					
月份		操作事项描述			

地块种植者姓名：　　　　　　　　　　　　　　　　　　　　　　　年　　月　　日

附 录 C

（资料性）

稻田生产农事管理综合记录台账

稻田生产农事管理综合记录台账见表C.1。

表 C.1 稻田生产农事管理综合记录台账

	面积		主体姓名		
	品种名称				
	种子来源				
种子处理	时间				
	方法				
	育秧方式				
播种	时间				
	播种量				
苗床管理	时间				
	方法				
大田整地	时间				
	方法				
移栽	时间				
	方法				
肥料	施肥时间				
	肥料种类				
	氮磷钾含量，%				
	肥料用量，kg/667 m²				
	原料来源/肥料产地/公司				
灌溉	时间				
	水源				
	灌溉水泵流量（或灌溉渠首流量）				
	灌溉时长				
农药	施药时间				
	防治对象				
	农药种类				
	农药名称				
	有效成分				
	有效成分比例，%				
	农药性质（化学/生物/其他）				

表 C.1（续）

农药	包装类型（瓶/袋/桶）				
	单份包装容量				
	总用量（瓶/袋/桶）				
	生产地				
	施药方法				
油耗	时间				
	耕种收油耗，L/667 m²				
	运输油耗，L/667 m²				
覆膜机插	覆膜面积，667 m²				
	地膜厚度，mm				
	总用量，t				
重大事情发生记录					
收获时间与方式					
收获量及收获方式					
储存量及储存方式					

注1:肥料种类有1.氮肥　2.磷肥　3.钾肥　4.复合肥　5.天然矿物质肥　6.鸭粪　7.鸽子粪　8.人粪尿　9.猪粪　10.牛粪　11.羊粪　12.鸡粪　13.马粪　14.兔粪　15.沼渣　16.沼液　17.秸秆　18.蔬菜废弃物　19.大豆饼　20.菌渣　21.蛤蜊皮　22.草炭土　23.蚯蚓粪　24.豇豆　25.紫云英　26.三叶草　27.四季豆　28.豌豆　29.蚕豆　30.商品有机肥　31.其他（请注明）。

注2:农药种类有1.杀虫剂　2.杀菌剂　3.除草剂　4.其他（请注明）。

注3:施药方法有种子处理法（拌种、浸渍、浸种、闷种）、喷粉法、喷雾法、熏蒸法、毒饵法、土壤处理法、烟雾法。

附　录　D

（资料性）

数字生态稻田中允许使用的土壤培肥和改良物质

表 D.1 给出了数字生态稻田中允许使用的土壤培肥和改良物质。

表 D.1　数字生态稻田中允许使用的土壤培肥和改良物质

物质类别	物质名称、组分和要求	主要适用与使用条件
植物和动物来源	植物材料（如农作物秸秆、绿肥、稻壳及副产品）	补充土壤肥力 非转基因植物材料
	畜禽粪便及其堆肥（包括圈肥）	补充土壤肥力 集约化养殖场粪便慎用
	畜禽粪便和植物原料的好氧发酵产品（沼肥）	补充土壤肥力
	来自未经化学处理木材的木料，树皮、锯屑、刨花、木灰、木炭及腐殖酸物质	补充土壤肥力 地面覆盖或堆制后作为有机肥源
	动物来源的副产品（如肉粉、骨粉、血粉、蹄粉、角粉、皮毛粉、羽毛和毛发粉、鱼粉、牛奶及奶制品等）	补充土壤肥力 未添加禁用物质，经过堆制或发酵处理
	不含合成添加剂的食品工业副产品	补充土壤肥力 经堆制并充分腐熟后
	食用菌培养废料和蚯蚓培养基质的堆肥	补充土壤肥力 培养基的初始原料限于本表中的产品，经堆制并充分腐熟后
	草木灰、稻草灰、木炭、泥炭	补充土壤肥力 作为薪柴燃烧后的产品，不得露天焚烧
	饼粕、饼粉	补充土壤肥力 不能使用经化学方法加工的非转基因
矿物来源	磷矿石	补充土壤肥力 天然来源，未经化学处理，五氧化二磷中镉含量≤90 mg/kg
	钾矿粉	补充土壤肥力 天然来源，未经化学方法浓缩。氯的含量少于60%
	硼砂、石灰石、石膏和白垩、黏土（如珍珠岩、蛭石等）、硫黄、镁矿粉	补充土壤肥力 天然来源、未经化学处理、未添加化学合成物质
微生物来源	可生物降解的微生物加工副产品，如酿酒和蒸馏酒行业的加工副产品	补充土壤肥力 未添加化学合成物质
	天然存在的微生物提取物	补充土壤肥力 未添加化学合成物质

附 录 E

（资料性）

数字生态稻田病虫草害防治中允许使用的物质

表 E.1 给出了数字生态稻田病虫草害防治中允许使用的物质。

表 E.1 数字生态稻田病虫草害防治中允许使用的物质

病虫类别	适用药剂	每 667 m² 用量	使用方法
种子处理	海盐和盐水	24%盐水	浸种
立枯病、恶苗病	寡雄腐霉（1×100 万个孢子/g）	1 000 倍液	拌种
稻瘟病	2%春雷霉素液剂	80 mL～120 mL	喷雾
	10 亿株/g解淀粉芽孢杆菌	50 g	喷雾
	20%丁香菌酯	1 500 倍～2 000 倍液	喷雾
稻曲病	3%井冈·嘧苷素	200 g	喷雾
	井冈·枯芽菌	200 g	喷雾
	1%蛇床子素	100 mL	白叶枯病、细菌性条斑病
	蜡质芽孢杆菌	100 g	喷雾
纹枯病	3%井冈·嘧苷素	200 g	喷雾
	3%多抗霉素	100 g	喷雾
	井冈·蛇床素（井冈霉素 A 5.9%、蛇床子素 0.1%）	3 g～4 g	喷雾
	10%井冈·多黏菌	100 g	喷雾
	井冈·蜡芽菌	65 g～80 g	喷雾
	20%丁香菌酯	1 500 倍～2 000 倍液	喷雾
穗腐病、黑穗病	3%～5%氢氧化钙（石灰水）		喷雾
水稻病害免疫	阿泰灵（6%寡糖·链蛋白）	全程 2 次～3 次，每次 30 g	喷雾
	枯草芽孢杆菌	50 mL	喷雾
水稻抗灾减灾	碧护（赤·吲乙·芸薹）	全程 2 次～3 次，每次 3 g	喷雾
植物免疫诱抗剂	5%氨基寡糖素、2%宁南霉素、毒氟磷、菇类多糖、海岛素等		喷雾
植物强壮剂	有机钾	全程 2 次～3 次，每次 50 mL	喷雾
二化螟、三化螟	8 000 单位苏云金杆菌（BT）	200 g	喷雾
	0.3%印楝素	1 000 倍液	喷雾
	短稳杆菌	80 mL～100 mL	喷雾
	除虫菊素	80 mL～100 mL	喷雾

表 E.1(续)

病虫类别	适用药剂	每 667 m² 用量	使用方法
稻纵卷叶螟	8 000 单位苏云金杆菌(BT)	200 g	喷雾
	6%乙基多杀霉素	20 mL	喷雾
	1%苦皮藤素	50 mL～75 mL 或 1 000 倍～1500 倍液	喷雾
	短稳杆菌	80 mL～100 mL	喷雾
	阿维菌素	14 mL～18 mL	喷雾
	20 亿 PIB/mL 甘蓝夜蛾核型多角体病毒	50 g～100 g	喷雾
	100 亿 OB/mL 稻纵卷叶螟颗粒体病	50 g～100 g	喷雾
稻飞虱	1.5%苦参碱	1 000 倍液	喷雾
	80 亿孢子/mL 金龟子绿僵菌	60 mL	喷雾
	天然除虫菊	80 mL～100 mL	喷雾
稻蓟马	60 g/L 乙基多杀霉素	20 mL	喷雾
减量增效助剂	有机硅、油酸甲酯等	1 000 倍～2 000 倍液	喷雾
微生物类除草剂	双丙氨膦、真菌除草剂	参考商品使用说明	喷雾

附　录　F

（资料性）

稻田病虫害简约化防控技术指标

表 F.1 给出了稻田病虫害简约化防控技术指标。

表 F.1　稻田病虫害简约化防控技术指标

程序	生育期	主要技术	防治对象	技术要点
一拌	种子	种传病害控制技术	恶苗病、干尖线虫	大田用种量为 7.5 kg/667m²，使用 17％杀螟•乙蒜素可湿性粉剂 20 g/667m² 或 20％氰烯菌酯•杀螟单 7 g/667m² 浸种 60 h，用水量与种子重量一致 （或略高出种子 5 cm），每天搅拌 1 次
		种子处理控制水稻中期病虫害技术	灰飞虱、白背飞虱、螟虫、纵卷叶螟、纹枯病	种子浸好后沥干，分别用 10％三氟苯嘧啶悬浮剂 20 mL、20％氯虫苯甲酰胺悬浮剂 30 mL、24％噻呋酰胺悬浮剂 80 mL～100 mL 拌种
一调	秧苗期	苗期病害防治技术	稻瘟病	40％稻瘟灵乳油 100 mL 喷雾，结合送嫁药喷施植物免疫诱抗剂进行，利用外源因子提高水稻内禀抗性
一喷	破口期	穗期病害防治技术	稻瘟病、稻曲病	数字生态稻田病虫草害防治中允许使用的物质中推荐药剂防控

附 录 G

（资料性）

稻田拦网网捞降草减药绿色控草技术

　　针对稻麦连作田杂草种子随水流传播的特点,采取"断源、截流、网捞、竭库"措施,在田间进水口加装滤网,防止草籽入田;待田间草籽漂浮到田角时,再实施人工网捞;通过秸秆还田、中耕除草等,培育壮苗健苗,营造"苗欺草"的良好农田生态。按照"四级目测法"监测农田苗期杂草密度(表 G.1)。根据田间杂草发生程度,在当茬和下茬作物田协调使用化学除草与"截流、网捞"生态控草技术,逐步减少化学除草剂用药次数。

表 G.1 "四级目测法"及杂草防除技术

目测观察姿势	目见杂草发生状态	对应杂草幼苗密度	除草措施
远看	一片绿	高密度	常规化除＋截流＋网捞
近距离直腰	见绿色杂草幼苗	中密度	减次化除＋截流＋网捞
弯腰	见杂草幼苗	低密度	一次化除＋截流＋网捞
蹲下	偶见杂草幼苗	极低密度	截流(可不用网捞)

附　录　H

（资料性）

智能感知体系设备配置(可选)

H.1　智能感知体系设备配置

见表 H.1。

表 H.1　智能感知体系设备配置

序号	相应设备名称	监测指标
1	视频监控传感器	田间监控水稻种植过程中苗情与病虫害，显示方式是视频和图片
2	沟渠流量计	瞬时流量、流速、质量流量(当密度不变时)的实时测量和流量累计
3	无线气象综合监测站	监测稻田空气温湿度、光照、光合有效辐射、风向风速、雨量、气压、苗情光谱照片、墒情、土壤温度、土壤氧含量等
4	温室大棚环境传感器	监测育秧大棚内空气温湿度、光照、二氧化碳浓度、苗情照片、基质温湿度等
5	水质监测仪	监测水体溶解氧、浊度、pH、电导率、水温等
6	空气温湿度传感器	监测稻米仓储运输过程中的环境温湿度
7	管式墒情速测仪	深层土壤墒情温度监测，分为 10 cm、20 cm、40 cm、60 cm、80 cm 的土壤墒情
8	智能虫情测报灯	监测田间害虫与天敌捕获和自动识别，识别种类包括大螟、二化螟、稻纵卷叶螟、褐飞虱、白背飞虱等 40 余种作物常见害虫与天敌；基于 40T 容量的害虫标准图库的积累，运用人工智能技术，构建害虫自动识别技术模型，识别率高达 95% 以上；同时，拓展识别颍上地区其他一、二类害虫目录中的虫害，识别率不低于 80%
9	孢子捕捉仪	采用风扇采集空气中随风传播的孢子，集中拍照，自动对所捕获的孢子进行显微拍摄，无需培养和更换载玻片，自动选取最优图片上传；可自动控制孢子吸入量，重启与恢复，拍照间隔
10	土壤养分传感器	通过算法计算出土壤中 N/P/K 三大指标的检测
11	土壤氧气监测传感器	主要用于土壤中氧气含量的测量
12	土壤热通量监测传感器	主要用于土壤热通量数据的测量
13	叶面温度传感器	监测作物叶面温度，自带上传测量数据和远程设置功能；当出现网络故障时，后台将存储数据，网络恢复后，缓存数据将自动补发 可在 GIS 地图上和平台上显示设备的 GPS 位置信息、位移信息
14	植保无人机	通过对接，获取植保无人机作业时间、飞行轨迹等相关作业信息
15	智能农机	通过对接，获取智能农机作业时间、作业轨迹等相关作业信息

H.2　智能感知体系数据

见表 H.2。

表 H.2　智能感知体系数据(可选)

序号	采集元素	类型/量程	分辨率	单位	采集频次
1	监控视频图像	—	—	—	实时
2	空气湿度	0～95	1	%	1 次/10 min
3	空气温度	−40～70	0.1	℃	1 次/10 min

表 H. 2（续）

序号	采集元素	类型/量程	分辨率	单位	采集频次
4	光照度	0～200 000	1	Lx	1 次/10 min
5	二氧化碳浓度	0～18 000	1	mg/m³	1 次/10 min
6	风速	0～65	0.1	m/s	1 次/10 min
7	风向	0～360	0.1	度	1 次/10 min
8	大气压强	30～110	0.1	kPa	1 次/10 min
9	降水量	0～999.9	0.2	mm	1 次/10 min
10	日照时数	0～1 440	1	min	1 次/10 min
11	蒸发量	0～80	0.01	mm	1 次/10 min
12	TBQ 总辐射	0～2 000	1	W/m²	1 次/10 min
13	光合有效辐射	0～2 000	1	W/m²	1 次/10 min
14	PM2.5	0～400	0.1	mg/m³	1 次/10 min
15	土壤湿度	0～100	0.1	%	1 次/10 min
16	土壤温度	−40～80	0.1	℃	1 次/10 min
17	土壤电导率	0～10 000	1	uS/cm	1 次/10 min
18	干式 pH	0～14	0.1	—	1 次/10 min
19	氨氮	0～1 000	0.1	mg/L	1 次/10 min
20	水温	−40～80	0.1	℃	1 次/10 min
21	溶解氧	0～500	0.01	mg/L	1 次/10 min
22	浊度	0～4 000	0.1	NTU	1 次/10 min
23	水位	−3～3	0.001	m	1 次/10 min
24	pH	0～14	0.1	—	1 次/10 min
25	稻田水位	0～200	1	mm	1 次/10 min
26	沟渠瞬间流量	0～99 999.99	0.0001	L/s	1 次/10 min
27	沟渠累积流量	0～4 290 000 000	0.01	m³	1 次/10 min
28	作物叶面温度	0～50	0.1	℃	1 次/10 min
29	卫星遥感数据	—	—	—	1 次/10 d
30	无人机遥感数据	—	—	—	根据需求
31	水稻病害	—	—	—	1 次/1 h
32	水稻虫害	—	—	—	1 次/1 h
33	无人机飞行高度	0～6 000	0.1	m	1 次/10 min
34	无人机飞行距离	0～99 999.99	0.1	m	1 次/10 min
35	无人机投撒量	0～30	1	kg	1 次/10 min
36	无人机投撒时间	0～30	0.1	min	1 次/10 min
37	智能农机作业时间	0～100	0.1	h	1 次/1 h
38	智能农机作业面积	0～10 000	0.01	hm²	1 次/1 h
39	总氮	0～100	—	mg/L	1 次/1 h
40	总磷	0～250	—	mg/L	1 次/1 h
41	化学需氧量 COD	0～3 000	—	mg/L	1 次/1 h
42	生化需氧量 BOD5	0～3 000	—	mg/L	1 次/1 h

附　录　I
（资料性）
智能决策体系数据可视化

智能决策体系数据见表 I.1。

表 I.1　智能决策体系数据

序号	功能名称	展现内容
1	产业基础	展示区域划定成果图、高标准农田建设成果、第三次国土大调查耕地图斑、基本农田图斑、最新的卫星遥感影像数据等
2	产业经济	利用 GIS 地图,展示数字稻田种植主体的数量、面积、年产值、从业人数、收益等相关数据
3	设备分布	基于 GIS 软件展示数字稻田所在地图区域;可以实现对设备属性、位置进行管理,了解设备分布情况、数字稻田生产环境
4	数据展示	用条形图、折线图或表格的形式在大屏展示物联网设备采集到的环境信息,包括气象数据、水体数据、土壤数据等
5	耕地质量	用图表形式展示数字稻田区域耕地的土地肥力、重金属含量、物理质量等相关数据
6	植保动态	将田间采集信息汇总分析,以可视化方式呈现,实现全域病虫害发生情况实时监控、风险预警及植保作业数据统计展示
7	水稻长势	展示数字稻田区域水稻生育期内的遥感 RGB 图像,在线动态实现 NDVI 等植被数的获取,并采用不同颜色的渲染,展示水稻的空间长势差异
8	视频监控	对接数字稻田监控设备,实时查看监控作物生长及田间情况

麦玉轮作区农田生态系统强化建设规范

1 范围

本文件规定了麦玉轮作区农田生态强化的建设原则、建设条件、建设要求和建设内容。本文件适用于麦玉轮作区农田生态系统强化活动。

2 规范性引用文件

下列文件中的内容通过文中的规范性引用而构成本文件必不可少的条款。其中，注日期的引用文件，仅该日期对应的版本适用于本文件；不注日期的引用文件，其最新版本（包括所有的修改单）适用于本文件。

GB 15618 土壤环境质量 农用地土壤污染风险管控标准（试行）

NY/T 391 绿色食品 产地环境质量

3 术语和定义

以下术语和定义适用于本文件。

3.1 农田生态系统

在人为干预和控制下，利用农田生物与非生物环境之间以及农田生物种群之间的关系进行食物、纤维和其他农产品生产的半自然生态系统。

3.2 农田集约化生产

在一定面积的土地上集中投入较多的生产资料，应用一定的技术措施和管理方法增加农产品产量的生产方式。

4 建设原则

4.1 保障生产原则

农田生态系统强化方案设计应以保障粮食安全生产为前提，并采用可以促进粮食增产稳产、防灾减灾的生态系统强化措施。

4.2 绿色生态原则

根据本地自然资源禀赋、农业生产特征及主要障碍因素，合理布局生态工程措施，采用环境友好的农艺农机措施，减少对地形大规模改造和耕作层扰动，优先保护原生生物群落。

4.3 多元参与原则

尊重农民意愿，维护农民权益，引导农民群众、新型农业经营主体、农村集体经济组织和各类社会资本有序参与建设。

5 建设条件

与周边农田边界清晰，且集中连片。产地环境条件符合 GB 15618 和 NY/T 391 的规定。

6　建设要求

6.1　规模要求

一个网格单元面积不少于 10 hm²。

6.2　生态用地占比

包括田埂、沟渠、道路等多种生态单元,其用地总面积应占农田面积的比例为 7%～10%。

7　建设内容

7.1　生态工程措施

7.1.1　农田内田埂及便路多功能微生境斑块建设

7.1.1.1　小型植草缀块

a)　设计:宽度 1 m 以上、面积 1 m² 以上的长方形斑块,斑块间隔 20 m,斑块避免任何化学农药。

b)　植物构成:播种的植物组合中至少包括 4 种蜜源丰富的植物(如白三叶、黑矢车菊)中的 1 种或多种,豆科植物种子重量比不超过 20%,每 1 种植物种子重量比不超过植物混合的 50%。

7.1.1.2　本杰士堆(人工鸟巢、小型动物避难所)

设计:以高约 50 cm 由空心砖垒砌成方形锥体土堆为核心,把石块、枯树枝干堆在土堆上,并在堆内种植蔷薇等多刺、蔓生的保护性植物。锥体土堆底边边长大于 1 m,每边设置 2 个空隙,砖块间距 8 cm～10 cm。

7.1.2　农田内排灌沟渠及生产道路多功能生境斑块建设

7.1.2.1　农田内排灌沟渠(植草带)

沟顶、沟内种植草本植物同"小型植草缀块"。

7.1.2.2　农田内生产道路(甲虫堤)

在生产道路上建设甲虫堤,为天敌提供越冬地,扩大天敌到农田中捕食害虫的范围,采用丛生草与豆科植物混播,丛生草占 60% 以上,种植植物种类同"小型植草缀块"。

多功能生境斑块的农田界面的天敌有效扩散距离为 30 m 以内,超过 30 m 后,边缘生境的天敌也很难扩散。因此,带化轮间作种植的麦田设计宽度为 60 m 以内,多功能生境斑块(植草缀块、本杰士堆、甲虫堤)间距也应小于 60 m。

7.1.3　农田外排灌沟渠及农田边界多功能植被缓冲带(乔灌草立体生态网)

将 10 m² 农田划分为一个网格单元,多功能植被缓冲带设置在网格单元的四周,交叉种植的乔木、灌木和花草。

7.1.3.1　树篱

小乔木＋灌木＋草,为有益昆虫和蜘蛛提供越冬庇护所,为野生生物提供食物、栖息地和向农田迁移扩散通道,增加景观连通性。

种植的小乔木任选一种或多种(紫穗槐、国槐、桑树和榆树),种植 1 行～2 行,行距为 2 m～4 m,株距为 4 m～8 m。乔木下种植灌木任选一种或多种(蔷薇和迎春花),种植带宽为 2 m～6 m。

树篱管理:维持树篱高度不超过 2 m。树篱修剪次数每 3 年不超过 1 次,每次修剪或刈割面积不超过整个树篱区域的 1/3。距离树篱中心 2 m 范围内禁止耕作或使用化肥、粪肥、农药。

7.1.3.2 植草多花带

主要由开花的植物混播而形成的条带状景观要素,富产花蜜和花粉,可为天敌提供充足的营养和替代食物,也可作为天敌的生境和庇护所。为取得较好的控害效果,植草多花带在农业景观中所占的比例至少 5%～10%。植草多花带区域避免任何化学农药。植草多花带种植在灌木外侧,宽度为 2 m～4 m,种类同"小型植草缀块"。

沟渠的底部和两侧种植鸢尾、香蒲、芦苇等,拦截、吸附农田径流水体中的氮、磷等物质。每种水生植物随机间隔种植,间隔距离为 10 m～15 m。及时清除杂草和沟底淤积物,保证沟渠的容量和水生植物的正常生长,避免造成二次污染。

7.1.4 非农斑块生态场景建设(树篱、植草带)

通过乔灌草立体生态网与农田斑块形成一体,使生物可以在非农斑块与农田斑块之间迁移,消减农田斑块和非农斑块污染物。包括林地斑块、村镇斑块和河湖塘湿地斑块。其中,林地斑块应增加林下植物覆盖,村镇斑块周边建设 10 m～30 m 的乔灌草立体植物过渡带,河湖塘湿地斑块的周边建设植物拦截带。

7.2 农艺农机措施

在生态农田中,随着作物丰富度的增加,控害保益功能呈现先增加后减少的趋势,而且,以作物丰富度为 4 种时的控害保益功能最强。

7.2.1 作物带化轮间作及多样化轮作

7.2.1.1 第一季:玉米和豆科带化轮间作

玉米种植带宽 8 行 4.8 m,行距 55 cm～60 cm;大豆种植带宽 12 行 4.8 m,行距 38 cm～42 cm;玉米带与大豆带间距 50 cm。根据土壤肥力适当缩小玉米、大豆株距(玉米株距 16 cm～17 cm,有效密度 4 000 株/667 m² 以上;大豆株距 10 cm～11 cm,有效密度 9 000 株/667 m² 以上),合理增密,力争达到玉米、大豆各自纯作的种植密度。

7.2.1.2 第二季:小麦和蚕豆带化轮间作

小麦种植带宽 36 行或 24 行、9 m 或 6 m,蚕豆种植带宽 2 行或 1 行、0.8 m 或 0.4 m。

带化轮间作作物实行逐年交替种植。第一年的冬季在该地块上种植小麦/蚕豆,第一年的夏季在地块的左侧种植玉米、右侧种植大豆;第二年的冬季还是种植小麦/蚕豆,第二年的夏季在地块的左侧种植大豆、右侧种植玉米。

7.2.2 全程机械化

间套作大规模生产应用的关键限制因素是实现间套作农事操作的机械化。研发推广间套作播种、施肥、除草和收获等生产环节的全程机械化配套机械,解决由于劳动力成本的上升和农村劳动力缺乏的问题。

7.2.3 肥料减量增效

7.2.3.1 小麦:依据目标产量、土壤基础肥力、斯坦福方程科学运筹肥料,有机肥替代纯 N

30%,施行控混一次性种肥同播,机械分层深施肥。

7.2.3.2 玉米:依据目标产量、土壤基础肥力、斯坦福方程科学运筹肥料,施行机械侧深控混一次性种肥同播。

7.2.3.3 大豆:不施氮肥或施低氮量复合肥,依据目标产量、土壤基础肥力、斯坦福方程科学运筹肥料。

7.2.3.4 在玉米拔节期、大豆分枝期和初花期,选用 5% 的烯效唑可湿性粉剂 25 g/667 m^2~50 g/667 m^2,兑水 40 kg~50 kg 喷施茎叶进行控旺长。

7.2.4 病虫绿色防控

豆科/非豆科间作通过化感作用控制杂草。

采用噻虫嗪·溴氰虫酰胺悬浮种衣剂对玉米、大豆种子进行包衣,防治鞘翅目和鳞翅目害虫。采用太阳能杀虫灯+性诱剂诱杀玉米螟、桃蛀螟等害虫。根据田间病虫发生程度,选用高效低毒低残留农药,应用喷雾控释助剂激健辅助,使用热力烟雾机(包括配合使用的热雾稳定剂)、植保无人机等新型高效植保机械进行静电喷雾施药、病虫生态位点精准、变量施药。

7.2.5 作物健康栽培

依据作物群体质量理论,构建合理群体;依据小麦、玉米叶龄模式,实施精准促控,培育强壮个体。

7.2.6 秸秆资源化利用

7.2.6.1 小麦接茬玉米应用秸秆切碎全量覆盖还田(配备苗带清整器)免耕施肥播种一体作业或改进型防缠绕秸秆覆盖还田施肥播种镇压一体作业。

7.2.6.2 玉米接茬小麦应用改进型防缠绕秸秆切碎全量覆盖还田施肥播种镇压一体作业。

7.3 农田质量监控监测

设置物联网监控系统。

7.3.1 土壤指标

监测作物产量和品质指标,土壤养分、土壤酶活性、土壤微生物量、土壤有机碳、土壤微生物多样性、土壤动物多样性、土壤食物网等。

7.3.2 资源利用指标

监测病虫害发生率、投入品及效益、废弃物资源化利用率等。

7.3.3 生态指标

监测植被多样性、植物群落结构、天敌种类和数量、害虫种类和数量、传粉昆虫多样性、节肢动物多样性、中小型动物数量等。

7.3.4 综合评价

提升农田生态系统服务功能,构建绿色可持续生产体系,实现优质高产、资源节约、环境友好、生态保育。

附　录　A

（资料性）

小型植草缀块植物种类

小型植草缀块植物种类见表 A.1。

表 A.1　小型植草缀块植物种类

植物名称	一年生/多年生	花果期	诱集昆虫	防治害虫
黑矢车菊	菊科、一年生或多年生草本	6 月—9 月	广寄生性姬蜂、中红侧沟茧蜂	甘蓝夜蛾
箭筈豌豆	豆科、一年生或二年生草本	花期 4 月—7 月,果期 7 月—9 月	广寄生性姬蜂、中红侧沟茧蜂	甘蓝夜蛾
紫花苜蓿	豆科、多年生草本	花期 5 月—7 月,果期 6 月—8 月	瓢虫、草蛉、食蚜蝇、广寄生性姬蜂、花蝽、食蚜蝇、捕食性步甲等	叶蝉、玉米螟、黏虫、麦蚜
黑麦草	禾本科、多年生草本	花果期 5 月—7 月	瓢虫、草蛉、食蚜蝇、广寄生性姬蜂、花蝽等	叶蝉
白三叶	豆科、多年生草本	花果期 5 月—10 月	瓢虫、草蛉、食蚜蝇、广寄生性姬蜂、花蝽、食蚜蝇等	叶蝉
荞麦	蓼科、一年生草本	花期 5 月—9 月,果期 6 月—10 月	广寄生性姬蜂、中红侧沟茧蜂、粉蝶盘绒茧蜂、弯尾姬蜂	甘蓝夜蛾、菜粉蝶、小菜蛾
野胡萝卜	伞形科、二年生草本	花期 5 月—7 月	粉蝶盘绒茧蜂、弯尾姬蜂	菜粉蝶、小菜蛾

附 录 B

(资料性)

带化轮间作、多样化轮作种植作物及种植方案

B.1 带化轮间作、多样化轮作种植作物

见表 B.1。

表 B.1 带化轮间作、多样化轮作种植作物

主栽作物	间套作植物	控制的害虫
小麦	油菜、大蒜、豌豆、蚕豆、荷兰豆	麦长管蚜、蚕豆蚜虫、麦蚜、蚕豆斑潜蝇
玉米	大豆、绿豆、马铃薯、甘薯	玉米螟、玉米蚜虫、斜纹夜蛾
棉花	小麦、紫花苜蓿、甘蓝型冬油菜、杏树	棉蚜、棉叶蝉、烟粉虱、棉蓟马
水稻	玉米	褐飞虱

B.2 带化轮间作种植方案

见表 B.2。

表 B.2 带化轮间作种植方案

处理	第一年	第二年		第三年	
	10月	6月	10月	6月	10月
常规种植	小麦	玉米	小麦	玉米	小麦
方案1	36行小麦(25 cm)-2行蚕豆(40 cm)	8行玉米(60 cm)-12行大豆(40 cm)	2行蚕豆(40 cm)-36行小麦(25 cm)	12行大豆(40 cm)-8行玉米(60 cm)	36行小麦(25 cm)-2行蚕豆(40 cm)
方案2	36行小麦(25 cm)-1行蚕豆(40 cm)	12行大豆(40 cm)-8行玉米(60 cm)	1行蚕豆(40 cm)-36行小麦(25 cm)	8行玉米(60 cm)-12行大豆(40 cm)	36行小麦(25 cm)-1行蚕豆(40 cm)
方案3	24行小麦(25 cm)-2行蚕豆(40 cm)	8行玉米(60 cm)-12行大豆(40 cm)	2行蚕豆(40 cm)-24行小麦(25 cm)	12行大豆(40 cm)-8行玉米(60 cm)	24行小麦(25 cm)-2行蚕豆(40 cm)
方案4	24行小麦(25 cm)-1行蚕豆(40 cm)	12行大豆(40 cm)-8行玉米(60 cm)	1行蚕豆(40 cm)-24行小麦(25 cm)	8行玉米(60 cm)-12行大豆(40 cm)	24行小麦(25 cm)-1行蚕豆(40 cm)

注:玉米/大豆、小麦/蚕豆行逐年交替种植。

附 录 C

（资料性）

全程有机防控主要推荐药剂

C.1 小麦全程有机防控主要推荐药剂

见表 C.1。

表 C.1 小麦全程有机防控主要推荐药剂

类别	适用药剂	每 667 m² 用量	使用方法
蚜虫	5%鱼藤酮	100 mL	喷雾
红蜘蛛	0.5%苦参碱	50 mL	喷雾
黏虫	8 000 单位苏云金杆菌（BT）	50 g	喷雾
白粉病	3%多抗霉素	100 单位液	喷雾
	0.3%四霉素	50 g～70 g	喷雾
	0.5%大黄素甲醚水剂	240 mL～600 mL	喷雾
纹枯病	3%多抗霉素	100 单位液	喷雾
	0.3%四霉素	50 g～70 g	喷雾
	井冈·蜡芽菌	30 g～50 g	喷雾
全蚀病	3 000 亿个/克荧光假单孢杆菌	30 g～40 g	喷雾
赤霉病	0.3%四霉素	50 g	喷雾
	10 亿枯草芽孢杆菌	200 g	喷雾
	10 亿株/克解淀粉芽孢杆菌	50 g	喷雾
	5%氨基寡糖素	100 g	喷雾
病害免疫及病毒病	6%寡糖·链蛋白（阿泰灵）	全程 2 次～3 次，每次 30 g	喷雾
抗灾减灾	赤·吲乙·芸薹（碧护）	全程 2 次～3 次，每次 3 g	喷雾
植物强壮剂	有机钾	全程 2 次～3 次，每次 50 mL	喷雾
植物免疫诱抗剂	氨基寡糖素、细胞分裂素、控旺助壮素、海岛素	—	喷雾

C.2 玉米全程有机防控主要推荐药剂

见表 C.2。

表 C.2 玉米全程有机防控主要推荐药剂

类别	适用药剂	每 667m² 用量	使用方法
蚜虫	1.5%苦参碱	1 000 倍液	喷雾
玉米螟	0.3%印楝素	20 mL	喷雾
	8 000 单位苏云金杆菌（BT）	200 g，拌细沙灌心叶	—

表 C. 2（续）

类别	适用药剂	每 667m² 用量	使用方法
粗缩病	6％寡糖·链蛋白(阿泰灵)	全程 2 次～3 次,每次 30 g	喷雾
	5％氨基寡糖素	100 g	喷雾
叶斑病	10％多抗霉素	50 g	喷雾
	0.3％丁子香酚	100 mL～150 mL	喷雾
抗灾减灾	赤·吲乙·芸薹(碧护)	全程 2 次～3 次,每次 3 g	喷雾
间作套种防虫	玉米间种南瓜,南瓜花蜜能引诱玉米螟的寄生性天敌——黑卵蜂,通过黑卵蜂的寄生作用,有效地减轻玉米螟的危害。		

C.3 大豆全程有机防控主要推荐药剂

见表 C.3。

表 C.3　大豆全程有机防控主要推荐药剂

类别	适用药剂	每 667 m² 用量	使用方法
孢囊线虫	16 000 单位苏芸金杆菌	包衣	—
豆天蛾	16 000 单位苏芸金杆菌	100 g	喷雾
斜纹夜蛾	15％除虫菊素	100 mL	喷雾
豆荚螟	8 000 单位苏云金杆菌(BT)	100 g	喷雾
根腐病	2％宁南霉素	60 g～80 g,播前拌种	—
多种病害及促进根瘤形成	6％寡糖·链蛋白	全程 2 次～3 次,每次用量 30 g,包括 1 次拌种。	喷雾
促进生长,多开花,多结荚	赤·吲乙·芸薹	全程 2 次～3 次,每次 3 g	喷雾
促进叶绿素形成,缓解因根部病害导致死苗	5-氨基乙酰丙酸(日本,倍加壮)	全程 2 次～3 次,每次 30 mL,可结合有机钾肥喷雾	喷雾

第二章 水稻健康栽培技术规范

水稻绿色氮高效碳减排品种评价技术规范

1 范围

本文件规定了水稻绿色氮高效碳减排品种评价的基本要求、评价原则和评价方法等技术内容。

本文件适用于安徽省水稻绿色氮高效碳减排品种评价。

2 规范性引用文件

下列文件中的内容通过文中的规范性引用而构成本文件必不可少的条款。其中，注日期的引用文件，仅该日期对应的版本适用于本文件；不注日期的引用文件，其最新版本（包括所有的修改单）适用于本文件。

GB 4404.1 粮食作物种子 第 1 部分：禾谷类

3 术语和定义

下列术语和定义适用于本文件。

3.1 绿色氮高效碳减排水稻品种

高产条件下，能同时实现高氮素利用效率和低碳排放兼顾的水稻品种。

4 品种基本要求

应选择适宜本区域种植的增产潜力大、综合抗性好的优质水稻品种，通过国家或省农作物品种审定委员会审定。所选种子质量应符合 GB 4401.1 的规定，即常规种纯度不低于 99.0%，净度不低于 98.0%，发芽率不低于 85%，水分不高于 13.0%（籼）、14.5%（粳）；杂交种纯度不低于 96.0%，净度不低于 98.0%，发芽率不低于 80%，水分不高于 13.0%（籼）、14.5%（粳）。

5 评价原则

5.1 高单产水平原则

所选品种应具备高产潜力，在株型、生物量、叶面积指数、颖花量等方面具有优势，同时在生长后期有明显的灌浆优势,具有较高的结实率和千粒重;所选品种应具有较强抗逆性(如抗病虫害、耐高温等)和抗倒伏性。

5.2　高氮素利用效率原则

所选品种应具备较强的氮素吸收、利用和转运能力,单位氮素用量具有较高的生产能力。

5.3　高减排潜力原则

所选品种应具备较高的碳减排潜力,通过优化水稻生长特性可有效改变稻田温室气体的产生和氧化过程,达到减少产生、促进氧化,最终降低碳排放的目的。

6　评价方法

6.1　区域适应性评价

记录水稻关键生育期和关键时期的温光参数,考察水稻生育期与当地温光资源匹配程度、水稻群体构建基本特征(包括群体数量与质量)、灌浆期温光条件能否达到水稻高产优质的最佳参数范围。

6.1.1　水稻生育期记录

水稻生育时期主要包括幼苗期、分蘖期、返青期、有效分蘖期、无效分蘖期、拔节期、孕穗期、抽穗开花期、成熟期(前后是否一致)。其关键生育时期特征如下。

    a)　幼苗期:从稻种萌动开始至 3 叶期。

    b)　分蘖期:从 4 叶长出开始萌发分蘖直到拔节为止。

    c)　返青期(缓苗期):秧苗移栽后,由于植伤原因,地上部生长停滞,新根萌发,该过程一般持续 4 d～7 d 才能恢复正常生长。

    d)　有效分蘖期:一般认为水稻进入拔节期具有 4 片叶的分蘖为有效分蘖,有效分蘖临界叶龄期为品种主茎总叶片数减去地上总伸长节间数的叶龄期。

    e)　无效分蘖期:水稻进入拔节期前后和之后所形成的分蘖,叶片数≤2 叶 1 心的称之为无效分蘖。

    f)　拔节期:50%的茎蘖基部节间伸长 1 cm～2 cm 时。

    g)　孕穗期:水稻开始幼穗分化,发展到抽穗的过程。

    h)　抽穗开花期:稻穗从剑叶叶鞘中抽出,开花授粉的时期。

    i)　成熟期:从抽穗开花到籽粒成熟,又可分为乳熟期、蜡熟期、完熟期和枯熟期。该阶段长短因品种和地域而异。

6.1.2　关键生育期群体特征调查与样品采集

对于手栽、机插等具有明确株行距的栽插方式,随机选择 3 个水稻群体长势一致具有代表性的普查点,每个点普查连续 20 穴,3 个点平均求得平均茎蘖数(有效穗数)。取样时,采用对角线法,随机选择 3 个取样点,每个点随机选择单行长 20 cm 内的植株,作为每个小区植株样品。

对于抛秧/撒播等株行距不统一的栽插方式,采用标准方框(0.5m × 0.5m＝0.25 ㎡),随机选择长势一致具有代表性的普查点,调查方框内茎蘖数(有效穗数)。取样时,按对角线法随机选择 3 个采样点,每个采样点按整穴取样,约 30 个单茎,每个小区约取 90 根单茎。

6.1.3 关键生育期温光参数调查

通过试验站点的小型气象站或邻近观测站获取水稻关键生育期的日平均气温、最低气温、最高气温以及辐射量,并与水稻生长发育的需求进行对比,评价温光条件能否达到水稻高产优质的最佳温光需求。其中,水稻品种齐穗后 0 d～20 d 需满足日均温 22 ℃～26 ℃,日较差＞7.5 ℃,年日照时数＞1 500 h,年降水量不低于 600 mm。

6.2 产量水平评价

调查水稻产量及产量构成因素,并以产量水平达到当地水稻产量从大到小排列的前 25％为宜。

成熟期根据种植方式采取不同的取样方法,分别考察单位面积有效穗数、每穗粒数、结实率、千粒重。

6.2.1 单位面积有效穗数

具体方法见 6.1.2。

6.2.2 穗粒数与结实率

采用水选的方法分离实粒数和瘪粒数,70 ℃烘干称重,分别计数,计算结实率。

6.2.3 千粒重

按公式(1)计算。

$$千粒重＝实粒重÷实粒数×1\ 000\ 千粒重 \quad\cdots\cdots\cdots (1)$$

6.2.4 理论产量

按公式(2)计算。

$$理论产量＝有效穗数×穗粒数×结实率×千粒重\cdots\cdots (2)$$

6.2.5 实收产量

每个小区随机选取 3 个取样点,每个取样点选择 1 m² 实收,晾晒、烘干、脱粒,测定含水率和杂质率,根据水杂率国家标准,按公式(3)计算水杂折算系数。

$$水杂折算系数 = \frac{1-实测水杂率}{1-国家标准水杂率} × 100\ \% \quad\cdots\cdots (3)$$

实测亩产按公式(4)计算。

$$实测亩产(kg) = 实收鲜谷重(kg/m²) × \frac{(1-实测水杂率)}{(1-国家标准水杂率)}$$
$$× 666.7(m²) \quad\cdots\cdots\cdots (4)$$

其中,籼稻按国家标准杂质率 1％、含水率 13.5％计算;粳稻按国家标准杂质率 1％、含水率 14.5％计算。稻谷含水率用谷物水分速测仪测定。

注:如果小区面积较大,实产面积也可选择取小区中央 5 m² 作为测产面积。

6.3 氮素利用效率评价

测定不施肥田块水稻产量和植株吸氮量、施肥田块水稻产量和植株吸氮量,计算水稻氮素利用效率,并以高出当地农户田块水稻氮肥利用效率的 10％为宜。

参照 6.1.2 中方法采集成熟期植株样品,并将其分为茎、叶、穗三部分,用粉碎机磨碎、过筛,通过凯氏定氮法或元素分析仪测定各部分的氮含量,并根据相对应的干物重计算植株各器官的氮积累量。之后计算水稻的氮素利用效率。

氮素农学效率(N agronomy efficiency，NAE，kg/kg)按公式(5)计算。

$$氮素农学效率＝(施肥处理产量－对照产量)/施氮量 \quad\cdots\cdots\cdots\cdots (5)$$

氮素偏生产力(Partial factor productivity of applied N，PFPN，kg/kg)按公式(6)计算。

$$氮素偏生产力＝籽粒产量/施氮量 \quad\cdots\cdots\cdots\cdots\cdots\cdots (6)$$

氮素回收利用率(N recovery efficiency，NRE，％)按公式(7)计算。

$$氮素回收利用率＝(施肥处理植株氮积累量－对照植株$$
$$氮积累量)/施氮量\times 100 \quad\cdots\cdots\cdots\cdots\cdots (7)$$

氮素收获指数(N harvest index，NHI，％)按公式(8)计算。

$$氮素收获指数＝成熟期籽粒氮积累量/植株地上部氮积累量\times 100 \cdots\cdots\cdots (8)$$

6.4　碳排放减少量评价

测定水稻生长季稻田温室气体(CH_4、N_2O)排放量，观察水稻株型和穗型；同等管理水平下，以低于当地主推水稻品种温室气体排放量的15％以上为宜，同时兼具高收获指数、高根系活力和粗壮茎秆等特征。

6.4.1　方法原理

静态箱法是目前测定稻田土壤温室气体排放通量的通用方法。其基本原理是用已知容积和底面积的密闭无底箱体(由化学性质稳定的材料制成)将要测定的地表遮罩起来，每隔一段时间抽取箱内气体，用气相色谱仪测定其中目标微量气体的浓度，然后根据气体浓度随时间的变化率，计算被遮罩地表面积-大气间微量气体的交换速率。

6.4.2　仪器设备

采气箱；电池；40 mL玻璃样品瓶；真空泵；气相色谱仪。

采气箱分为底座、中箱和顶箱三部分，可用不锈钢、有机玻璃板、PVC板等牢固轻便材料制成。采气箱示意图见图1。底座是预埋在土壤中作为箱体的基座使用，见图2。顶箱是取样用的关键箱体，规格通常为50 cm × 50 cm × 50 cm。采气箱外用海绵包裹，再覆盖一层铝箔布；在采气箱侧面中部开一小孔，插入硅胶管用于抽取气体，硅胶管的另一端连接三通阀和60 mL注射器；采气箱顶部开孔，插入温度计；箱体内顶部安装小型风扇，并用电线连接伸出箱体顶部，电线的另一头连接鳄鱼夹以连接电池给风扇供电。中箱主要起到延长箱体的作用，通常在作物株高超过50 cm时开始使用。采气箱田间使用情况见图3。

6.4.3　取样前准备工作

a)　事先将取样的小零件装在一起，包括注射器、针头、三通阀、温度计、蓄电池、计时器、记录本等，以免遗忘。

b)　用医用胶带将4个样品瓶粘成1排，并在样品瓶上标明顺序，再用透明胶带粘贴。样品瓶用丁基胶塞密封。取样前1天，利用真空泵将样品瓶抽真空，同时准备若干个抽好真空的空瓶备用。

c)　事先练习三通阀的使用，要达到熟练使用的程度。

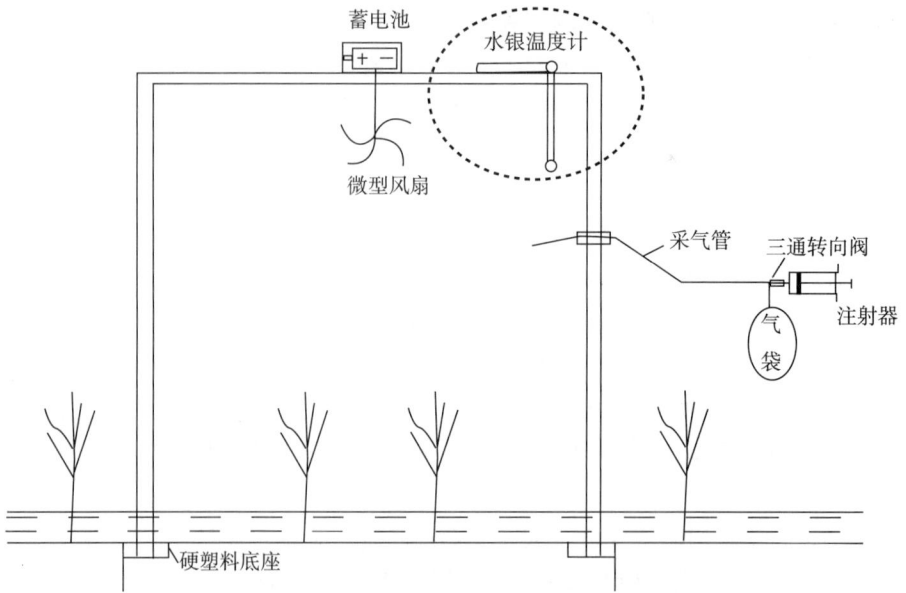

图 1 采气箱示意图

图 2 底座田间使用照片

图 3 采气箱田间使用照片

6.4.4 取样流程

a) 首先将底座水槽内灌上水，不要洒到框内、不要灌满，以免放上静态箱后水槽内的水溢出；

b) 然后将采气箱的下边嵌入预先埋入土壤的底座（整个观测季节留在土里）水槽中；将温度计（每次安装时保持进入箱体的长度是一致的）和电池安装上，检查风扇工作情况，并将气瓶放在顺手的地方；

c) 按下计时器，随即旋转三通阀抽取采气箱内气体，将硅胶管内空气排出（一般根据硅胶管的长度，打出 3 管～5 管注射器气体）后，抽取 1 管打入第 1 个样品瓶，同时记录温度，记为 T_0 的排放量；

d) 每隔 5 min 采一次样，分别在第 5 min、10 min 和 15 min 重复步骤 c)，抽取气体，记为 T_5、T_{10}、T_{15} 排放量；

e) 气体样品带回实验室，尽快用气相色谱仪同时分析 CH_4、N_2O 排放通量（气相色谱仪的操作方法详见仪器说明书）；

f) 自水稻移栽后开始每隔 1 周取 1 次样，采集气样的时间为 8:00—10:00。

6.4.5 计算

稻田 CH_4 和 N_2O 排放一般用排放通量表示，即单位时间单位面积土壤的 CH_4 和 N_2O 排放量。CH_4 和 N_2O 排放通量按公式（9）计算。

$$F = \rho V \frac{dC}{dt} \frac{1}{A} = \frac{MP}{R(273+T)} \frac{V}{A} \frac{dC}{dt} = H \frac{MP}{R(273+T)} \frac{dC}{dt} \quad \cdots\cdots\cdots\cdots (9)$$

式中：

F——CH_4 或 N_2O 排放通量，单位为毫克每小时每平方米［mg/（m^2·h）］（CH_4）和微克每小时每平方米［μg/（m^2·h）］（N_2O）；

ρ——标准状态下 CH_4 或 N_2O 密度，其值为 0.714 kg/m^3（CH_4）和 1.25 kg/m^3（N_2O）；

M——CH_4 或 N_2O 的摩尔质量；

R——普适气体常数［8.314 J/（mol·K）］；

T——采样箱内温度，单位为℃；

H——采样箱的有效高度，单位为米（m）。

P——采样点大气压力，通常视为标准大气压，即＝1.013×10^5 Pa；

dC/dt——单位时间内采样箱内 CH_4 或 N_2O 浓度的变化，单位为微升每小时每升［μL/（L·h）］（CH_4）和纳升每小时每升［nL/（L·h）］（N_2O）。

把有关常数代入式中，经整理可得到 CH_4 的排放通量的计算式，见公式（10）。

$$F = 60H \frac{16 \times 1.013}{8.314(273+T)} \frac{dC}{dt} \quad \cdots\cdots\cdots\cdots\cdots\cdots\cdots (10)$$

式中：

常数 60——时间换算，将分转换为小时。

对于其他气体如 N_2O，只需将相应气体的摩尔质量替换 CH_4 的摩尔质量即可。

CH_4 或 N_2O 季节排放量采用累积叠加法，按公式（11）计算。

$$TE = \sum_{i=1}^{n-1} \left(\frac{F_i + F_{i+1}}{2} 24 T_i \right) K_1 K_2 \quad \cdots\cdots\cdots\cdots\cdots\cdots (11)$$

式中：

TE——季节累积排放量；

n——当季取样次数；

F_i——第 i 次取样时的排放通量；

F_{i+1}——第 i 和 $i+1$ 次取样时的排放通量；

24——小时转化为天的系数；

T_i——第 i 和 $i+1$ 次取样的时间间隔；

K_1——重量转换系数，CH_4 取 10^{-6}（mg 转 kg），N_2O 取 10^{-9}（μg 转 kg）；

K_2——面积转换系数，通常取 10^4，即由每平方米转化为公顷。

如果每次取样间隔都相同，如一直保持 7 d 取 1 次样，也可以将公式简化为当季均值与总取样时间的乘积，见公式（12）。

$$TE = MF24TK_1K_2 \quad \cdots\cdots\cdots\cdots\cdots\cdots\cdots\cdots\cdots\cdots (12)$$

式中：

MF——当季 CH_4 或 N_2O 平均排放通量；

T——从第 1 次到最后 1 次取样的时间间隔，单位为天（d）。

稻麦周年全程机械化绿色低碳高质高效生产技术规范

1　范围

本文件规定了稻-麦周年全程机械化绿色低碳高质高效生产技术,主要包括光温水资源配置、周年茬口安排、周年品种搭配、播栽方式、播种群体、肥水管理、病虫草害防治、成熟收获等生产规范。

本文件适用于沿淮及江淮北部稻-麦轮作区规模化生产。

2　规范性引用文件

下列文件中的内容通过文中的规范性引用而构成本文件必不可少的条款。其中,注日期的引用文件,仅该日期对应的版本适用于本文件;不注日期的引用文件,其最新版本(包括所有的修改单)适用于本文件。

GB 4404.1　粮食作物种子　第1部分:禾谷类

GB/T 8321(所有部分)　农药合理使用准则

NY/T 995　谷物(小麦)联合收获机械　作业质量

3　光、温、水资源配置

3.1　粳糯稻-小麦

水稻季、小麦季生育期分别为155 d～170 d、202 d～230 d;水稻季、小麦季和周年所需辐射分别为2 861 MJ/m²、3 018 MJ/m²和5 422 MJ/m²;小麦0℃以上有效积温4 085 ℃,水稻10 ℃以上有效积温2 317 ℃;降水量分别为695 mm、328 mm和1 085 mm。

3.2　籼稻-小麦

水稻季、小麦季生育期分别为150 d～162 d、215 d～230 d;水稻季、小麦季和周年所需辐射分别为2 915 MJ/m²、3 186 MJ/m²和5 545 MJ/m²,小麦0 ℃以上有效积温4 155 ℃,水稻10 ℃以上有效积温2 428 ℃;降水量分别为708 mm、362 mm和1 127 mm。

4　周年茬口安排

4.1　粳糯稻-小麦

粳糯稻成熟期较晚,水稻收获和小麦播种茬口相对偏紧。粳糯稻种植的适宜播期为5月5日—25日,力争早播,确保10月底至11月5日前收获完毕。小麦遵循早腾茬、早整地、早播种的原则,应在11月上旬前播种完毕。

4.2　籼稻-小麦

籼稻种植的适宜播期为5月10日—30日,确保10月20日前收获完毕。小麦于10月20日至11月上旬前播种。

5 周年品种搭配

5.1 原则

按照优质、丰产指标和茬口衔接的要求,设计水稻、小麦周年品种搭配。种子质量应符合 GB 4404.1 的规定。

水稻要抗病、耐低温,米质达到二级以上。小麦要选择抗逆、抗赤霉病、抗穗发芽的优质专用型品种。周年品种搭配选择中熟粳糯稻＋半冬弱春小麦,早熟中籼稻＋半冬性小麦。

5.2 生育期适中

水稻选择早熟中籼和中熟中粳,全生育期 155 d 左右。小麦选择半冬性或弱春性品种,生育期 210 d 左右。

5.3 丰产性好

水稻品种产量潜力＞700 kg/667 m^2,小麦产量潜力＞600 kg/667 m^2。

6 播栽方式

6.1 水稻栽插

采用毯苗或钵苗机插 2 种方式,毯苗在 5 月 10 日—25 日播种,钵苗在 5 月 10—25 日播种。采用工厂化旱育壮秧,流水线匀播(漏播率＜5％,均匀度＞90％)、稀播(毯苗 70 g/盘～90 g/盘(杂交稻)或 90 g/盘～120 g/盘(常规稻),钵苗 2 粒/钵～3 粒/钵(杂交稻)或 3 粒/钵～4 粒/钵(常规稻);毯苗秧龄(20±2)d,钵苗秧龄(27±3)d 时栽插。

6.2 小麦播种

根据土壤墒情和天气情况,选择复式一体机播种。采用反旋灭茬后旋耕/耕翻、开沟、旋耕施肥条播一体化作业,一次完成旋耕、开沟、播种、覆土、镇压等工序,行距 20 cm,播深 2 cm～3 cm。播种后镇压保墒。机械开沟可做到清沟沥水,防涝降渍。

7 播种群体

7.1 水稻的适宜群体

栽插密度在 1.4 万穴/667 m^2～1.5 万穴/667 m^2 为宜,每穴 2 株～3 株苗。栽插深度 1.0 cm～1.5 cm,漏插率≤5％,伤秧率≤5％,相对均匀度＞85％。毯苗机插行株距(23～25) cm×(10～13) cm,钵苗机插行株距(27～33) cm×12 cm。

7.2 小麦群体

10 月中下旬播种,基本苗在 15 万/667 m^2～20 万/667 m^2;11 月上中旬播种,基本苗在 20 万/667 m^2～25 万/667 m^2。若遇播期推迟、整地质量差、肥力水平较低则应加大播量。

8 肥水管理

8.1 水稻肥料运筹

基施水稻专用控释肥(N：P_2O_5：K_2O ＝22：13：15)40 kg/667m^2～45 kg/667 m^2(籼稻)或 45 kg/667m^2～50 kg/667 m^2(粳糯稻),孕穗期(倒 2.5 叶期)追施氮钾(复合)肥(N：

$K_2O=23：20)15 \text{ kg}/667\text{m}^2 \sim 20 \text{ kg}/667 \text{ m}^2$。

8.2　小麦肥料运筹

基施小麦专用控释肥(N：P_2O_5：$K_2O=23：15：12)45 \text{ kg}/667\text{m}^2 \sim 50 \text{ kg}/667 \text{ m}^2$,拔节孕穗期追施尿素 $10 \text{ kg}/667\text{m}^2 \sim 15 \text{ kg}/667 \text{ m}^2$。

水稻采取阶段性间歇精确定量灌溉模式,开挖丰产沟,预埋水位监测管,浅水栽插,薄水护苗,多次放水露田,降低秸秆还田危害,80%够苗烤田、中期间歇湿润灌溉,后期干湿交替,保根护叶防早衰,浅水(湿润)追肥等措施,加强水肥耦合,以水促肥。

沿淮-淮北地区小麦全生育期雨水偏多,机条播田块播种后,田间开好"三沟"(畦沟、腰沟、田边沟),遇连阴雨或较强降水时,应及时清沟沥水降湿防渍。小麦返青拔节期如遇干旱,应结合施肥进行灌溉。

9　病虫草害防治

药剂使用应符合 GB/T 8321 的规定。

9.1　小麦病虫草害防治

注重冬前化学除草,可用 5%唑啉•炔草酯 600 mL＋20%双氟•氟氯酯 $3 \text{ g}/667 \text{ m}^2$喷雾防治。冬前未能及时除草或草害较重的麦田,返青期及时进行化学除草。在小麦抽穗期,重点防治纹枯病、白粉病、赤霉病和锈病等病害以及红蜘蛛、蚜虫和吸浆虫等;中后期重视"一喷四防"(防病、防虫、防倒、防早衰),加强赤霉病的防治,精准防控,减少损失。

9.2　水稻病虫草害防治

稻田杂草防控优先采用农业防控、生物防控,科学开展化学防控。化学防控以土壤封闭和芽前除草(3 叶前)为主,根据草相选择性使用除草剂。重点防控稻瘟病、稻曲病、纹枯病、螟虫、稻飞虱、稻纵卷叶螟等病虫害,优选农业防控(品种/健身栽培等)、理化诱控(性诱剂等)、生物防控(天敌/香根草等)以及物理控害技术(频振式杀虫灯/色板诱杀技术等)、生物农药制剂等绿色防控措施。

优先使用生物源农药和低毒安全高效控释农药,药械联用,提高用药效率。冠层病虫害推荐施用新型控释农药＋无人机飞防小容量高浓度精准用药模式,中下部病虫草害推荐新型控释农药＋担架式/自走式中大型大容量高压力农药喷施机械用药防控措施。

10　成熟收获

蜡熟末期至完熟初期收获,使用具备稻麦收割、播种、秸秆还田覆盖等多功能的农机作业装备及时收获。作业质量应符合 NY/T 995 的规定。收获后及时烘干或晾晒,籼稻籽粒水分下降到 13.5%、粳稻籽粒水分下降到 14.5%后储藏。

稻麦机械化减损收获技术规范

小麦部分

1 范围

本文件适用于全喂入联合收割机的小麦收获作业。在一定区域内,小麦品种及种植模式应尽量规范一致,作物及田块条件适于机械化收获。机手应提前检查调试好机具,确定适宜收割期,执行小麦机收作业质量标准和操作规程,努力减少收获环节损失。

2 规范性引用文件

本文件没有规范性引用文件。

3 术语和定义

本文件没有需要界定的术语和定义。

4 作业前机具准备

开始作业前要保持机具良好工作状态,预防和减少作业故障,提高作业质量和效率。

4.1 机具检查

作业季节开始前要依据产品使用说明书对联合收割机进行 1 次全面检查与保养,确保机具在整个收获期能正常工作。备足备好田间作业常用工具、零配件、易损零配件及油料等,以便出现故障时能够及时排除。

4.2 试割

正式开始作业前要选择有代表性的地块进行试割。试割作业行进长度以 30 m 左右为宜,根据小麦株高、秸秆含水率、田块条件等因素确定适合的收割速度,对照作业质量标准仔细检查损失、破碎、含杂等情况,有无漏割、堵草、跑粮等异常情况,并以此为依据对割刀间隙、脱粒间隙、筛子开度和(或)风扇风量等视情况进行必要调整。

作物品种、田块条件有变化要重新试割和调试机具。试割过程中,应注意观察、细听机器工作状况,发现异常及时解决。

5 确定适宜收获时间

5.1 成熟特征

小麦机收宜在蜡熟末期至完熟初期进行,此时产量最高,品质最好。小麦成熟期主要特征:蜡熟中期下部叶片干黄,茎秆有弹性,籽粒转黄色,饱满而湿润,籽粒含水率 25％～30％。蜡熟末期植株变黄,仅叶鞘茎部略带绿色,茎秆仍有弹性,籽粒黄色稍硬,内含物呈蜡状,含水率 20％～25％。完熟初期叶片枯黄,籽粒变硬,呈品种本色,含水率在 20％以下。

5.2　确定收获时间

根据当时的天气情况、品种特性和栽培条件,合理安排收割顺序,做到因地制宜、适时抢收,确保颗粒归仓。留种用的麦田宜在完熟期收获。如遇雨季迫近,或急需抢种下茬作物,或品种易落粒、折秆、折穗、穗上发芽等情况,应适当提前收获时间。

6　机收作业质量要求

机收作业时应严格按表 1 中作业质量标准执行。

表 1　小麦全喂入联合收割机作业质量标准

项目	指标
损失率	≤1.2%
破碎率	≤1.0%
含杂率	≤2.0%
割茬高度	普通:≤15 cm;留高茬≤25 cm
污染情况	收获作业后无油料泄露造成的粮食和土地污染

7　减少机收环节损失的措施

作业过程中,应选择适当的作业参数,并根据自然条件和作物条件的不同及时对机具进行调整,使联合收割机保持良好的工作状态,减少机收损失,提高作业质量。

7.1　选择作业行走路线

联合收割机作业一般可采取顺时针向心回转、逆时针向心回转、梭形收割 3 种行走方法。转弯时应停止收割,将割台升起,采用倒车法转弯或兜圈法直角转弯,不要边割边转弯,以防因分禾器、行走轮或履带压倒未割麦子,造成漏割损失。

7.2　选择作业速度

根据联合收割机自身喂入量、小麦产量、自然高度、干湿程度等因素选择合理的作业速度。当小麦稠密、植株大、产量高、早晚及雨后作物湿度大时,应适当降低作业速度。

7.3　调整作业幅宽

在负荷允许的情况下,控制好作业速度,尽量满幅或接近满幅工作,保证作物喂入均匀,防止喂入量过大,影响脱粒质量。当小麦产量高、湿度大或者留茬高度过低时,以低速作业仍超载时,适当减小割幅,一般减少到 80%,以保证小麦的收割质量。

7.4　保持合适的留茬高度

割茬高度应根据小麦的高度和地块的平整情况而定,一般以 15 cm～30 cm 为宜。在保证正常收割的情况下,割茬尽量高些,减少秸秆喂入量可有效减少籽粒夹带损失。

7.5　调整拨禾轮速度和位置

调整拨禾轮的转速,使拨禾轮线速度为联合收割机前进速度的 1.1 倍～1.2 倍,不宜过高。拨禾轮高低位置应使拨禾板作用在被切割作物 2/3 处为宜,当作物植株密度大并且倒伏时,适当前移,以增强扶禾能力。拨禾轮转速过高、位置偏高或偏前,都易增加穗头籽粒脱落,使作业损失增加。

7.6 调整脱粒、清选等工作部件

适当提高脱粒滚筒的转速,减小滚筒与凹板之间的间隙,正确调整入口与出口间隙之比(应为 4∶1)等措施,提高脱净率,减少脱粒损失。在保证含杂率不超标的前提下,可通过适当减小风扇风量、调大筛子的开度及提高尾筛位置等,减少清选损失。对于清选结构上有排草挡板的,在含杂、损失较高时,可通过调整排草板上下高度减少损失。

7.7 收割倒伏作物

适当降低割茬,以减少漏割;拨禾轮适当前移,拨禾弹齿后倾 15°~30°,或者安装专用的扶禾器,以增强扶禾作用。倒伏较严重的作物,采取逆倒伏方向收获、降低作业速度或减少喂入量等措施。

7.8 收割过熟作物

小麦过度成熟时,茎秆过干易折断、麦粒易脱落,收割时应适当调低拨禾轮转速,防止拨禾轮板击打麦穗造成掉粒损失,同时降低作业速度,适当调整清选筛开度,也可安排在早晨或傍晚茎秆韧性较大时收割。

7.9 规范作业操作

作业时应根据作物品种、高度、产量、成熟程度及秸秆含水率等情况来选择作业挡位,用作业速度、割茬高度及工作幅宽来调整喂入量,使机器在额定负荷下工作,尽量降低夹带损失,避免发生堵塞故障。要经常检查凹板筛和清选筛的筛面,防止被泥土或潮湿物堵死造成粮食损失,如有堵塞要及时清理。

8 培训与监督

机手、种植户和从事收获质量监督的乡镇农机管理人员应经过培训,掌握小麦品种、籽粒含水率、种植模式、收割地形等方面的知识,掌握收割机的正确使用、维护保养知识以及作业质量标准要求。

稻麦机械化减损收获技术规范

水稻部分

1　范围

本文件适用于联合收割机、分段式割晒机的水稻收获作业。在一定区域内,水稻品种及种植模式应尽量规范一致,作物生长及田块条件适于机械化收获。机手应提前检查调试好机具,确定适宜收获期,严格按照作业质量标准和操作规程,减少收获环节损失。

2　规范性引用文件

本文件没有规范性引用文件。

3　术语和定义

本文件没有需要界定的术语和定义。

4　作业前机具准备

作业前要保持机具良好工作状态,预防和减少作业故障,提高作业质量和效率。

4.1　机具检查

作业季节开始前要依据产品使用说明书对联合收割机进行 1 次全面检查与保养,确保机具在整个收获期能正常工作。备足备好田间作业常用工具、零配件、易损零配件及油料等,以便出现故障时能够及时排除。

4.2　试割

正式开始作业前要进行试割。试割作业行进长度以 30 m 左右为宜,根据作物、田块的条件确定适合的作业速度。作物品种、田块条件有变化时要重新试割和调试机具。

5　确定适宜收获期

准确判断确定适宜收获期,防止过早或过迟收获造成脱粒清选损失或割台损失增加。

5.1　根据水稻生长特征判断确定

水稻的蜡熟末期至完熟初期较为适宜收获,此时稻谷籽粒含水率 15%～28%。通常,谷壳变黄、籽粒变硬、水分适宜、不易破碎时标志着水稻进入完熟期。水稻分段式割晒机作业一般适宜在蜡熟期进行。

5.2　根据稻穗外部形态判断确定

谷粒全部变硬,多数穗颖壳变黄,穗轴上干下黄,有 70% 的枝梗已干枯,水稻黄化完熟率 95% 以上,说明谷粒已经充实饱满,此时应进行收获。在易发生自然灾害或复种指数较高的地区,为抢时间,可提前至九成熟时开始收获。

5.3 根据生长时间判断确定

一般南方早籼稻适宜收获期为齐穗后 25 d～30 d,中籼稻为齐穗后 30 d～35 d,晚籼稻为齐穗后 35 d～40 d,中晚粳稻为齐穗后 40 d～45 d;北方单季稻区齐穗后 45 d～50 d 收获。

6 机收作业质量要求

机收作业时应严格按表1中作业质量标准执行。

表 1 水稻联合收割机作业质量标准

项目	指标	
	全喂入式	半喂入式
损失率	≤2.8%	≤2.5%
破碎率	≤1.5%	≤0.5%
含杂率	≤2.0%	≤1.0%
茎秆切碎合格率	≥90%	
污染情况	收获作业后无油料泄漏造成的粮食和土地污染	

7 减少机收环节损失的措施

作业前要实地察看作业田块土地、种植品种、生长高度、植株倒伏、作物产量等情况,预调好机具状态。作业过程中,严格执行作业质量要求,随时查看作业效果,如遇损失变多等情况要及时调整机具参数,使机具保持良好状态,保证收获作业低损、高效。

7.1 选择适用机型

水稻株高 65 cm～110 cm、穗幅差≤25 cm,选用半喂入式联合收割机。株高超出 110 cm 时,可以适当增加割茬高度,对半喂入联合收割机要适当调浅脱粒喂入深度。收割易脱粒品种(脱粒强度小于 100 g)或采用高留茬收获时,建议使用全喂入收割机。收割难脱粒品种(脱粒强度大于 180 g)时,建议采用半喂入收割机。

7.2 检查作业田块

检查去除田里木桩、石块等硬杂物,了解田块的泥脚情况,对可能造成陷车或倾翻、跌落的地方做出标识,以保证安全作业。查看田埂情况,如果田埂过高,应用人工在右角割出面积为割幅×机器长度的空地,或在田块两端的田埂开 1.2 倍割幅的缺口,便于收割机顺利下田。

7.3 选择行走路线

根据作物产量,估算籽粒充满集粮仓所需的作业长度规划收割路径,针对较大田块,收割至田块的适当位置,左转收割穿过田块,把一块田分几块进行收割。

7.4 选择作业速度

作业过程中应尽量保持发动机在额定转速下运转,地头作业转弯时,应适当降低作业速度,防止清选筛面上的物料甩向一侧造成清选损失,保证收获质量。当作物产量超过 600 kg/667m² 亩时,应降低作业速度,全喂入联合收割机还应适当增加割茬高度并减小收割幅宽。若田间杂草太多,应考虑放慢收割机作业速度,减少喂入量,防止喂入量过大导致作业损失率和谷物含杂率过高等情况。

7.5　收割潮湿作物及湿田作业

在季节性抢收时,如遇到潮湿作物较多的情况,应经常检查凹板筛、清选筛是否堵塞,注意及时清理。在进行湿田收割前,务必仔细确认作物状态(倒伏角的大小)和田块状态(泥泞程度),收割过程中如遇到收割机打滑、下沉、倾斜等情况时,应降低作业速度,不急转弯,不在同一位置转弯,避免急进、急退,尽量减轻收割机的重量(及时排除粮仓内的谷粒)。若在较为泥泞的湿田中收割倒伏作物或潮湿作物时,容易造成割台、凹板筛和振动筛堵塞。因此,需低速、少量依次收割,并及时清除割刀和喂入筒入口的秸秆屑及泥土。

7.6　收割倒伏作物

收割倒伏水稻时,可通过安装扶倒器和防倒伏弹齿装置,尽量减少倒伏水稻收获损失,收割倒伏水稻时放慢作业速度,原则上倒伏角小于45°时收割作业不受影响;倒伏角45°~60°时拨禾轮位置前移、调整弹齿角度后倾;在倒伏角大于60°时,使用全喂入联合收割机逆向收割,拨禾轮位置前移且转速调至最低,调整弹齿角度后倾。

7.7　收割过熟作物

水稻完全成熟后,谷粒由黄变白,枝梗和谷粒都变干变脆,应尽量降低留茬高度,一般在10 cm~15 cm,但要防止切割器"入泥吃土",并且严禁半喂入收获,以减少切穗、漏穗。

7.8　分段收获

使用分段式割晒机作业时,要铺放整齐、不塌铺、不散铺,穗头不着地,防止干湿交替,避免增加水稻惊纹粒,降低品质。捡拾作业时,最佳作业期在水稻割后晾晒3 d~5 d,稻谷水分降至14%左右时,要求不压铺、不丢穗、捡拾干净。

7.9　规范作业操作

作业时应根据作物品种、高度、产量、成熟程度及秸秆含水率等情况选择前进挡位,用作业速度、割茬高度及割幅宽度调整喂入量,使机器在额定负荷下工作,尽量降低夹带损失,避免发生堵塞故障。要经常检查凹板筛和清选筛的筛面,防止被泥土或潮湿物堵死造成粮食损失,如有堵塞要及时清理。

8　培训与监督

机手、种植户和从事收获质量监督的乡镇农机管理人员应经过培训,掌握水稻品种、籽粒含水率、种植模式、收割地形地貌等方面的知识,掌握机具正确使用、维护保养知识以及作业质量标准要求。

稻鸭生态种养技术规范

1 范围

本文件规定了稻鸭生态种养的产地环境、水稻生产管理、鸭子养殖管理、稻田病虫草害防控、水稻收获和鸭子捕捉的技术要求。

本文件适用于安徽省稻鸭生态种养。

2 规范性引用文件

下列文件中的内容通过文中的规范性引用而构成本文件必不可少的条款。其中,注日期的引用文件,仅该日期对应的版本适用于本文件;不注日期的引用文件,其最新版本(包括所有的修改单)适用于本文件。

GB 4404.1　粮食作物种子　第 1 部分:禾谷类

GB/T 8321(所有部分)　农药合理使用准则

NY/T 391　绿色食品产地环境质量

NY/T 393　绿色食品　农药使用准则

NY/T 496　肥料合理使用准则 通则

NY 5263 无公害食品　肉鸭饲养兽医防疫准则

3 术语和定义

下列术语和定义适用于本文件。

3.1 稻鸭生态种养

基于生态学互惠共生原理,采用生态学技术和管理措施,不使用人工合成的抗生素、生长调节剂等,将水稻种植与鸭子养殖有机结合,使水稻和鸭子在同一生态环境中共同生长,实现并保持生物多样性与稳定性、合理利用资源、提高生态效益和经济效益的一种生产模式。

4 产地环境

稻鸭生态种养模式要选择生态环境良好、无污染的地区,远离工矿区和公路干线,避开工业和城市污染源影响的区域,并且产地应选择在水源入口上游处,土壤无农药残留、无重金属,土地平整、集中连片,便于灌溉的水稻田作为稻鸭共生田块。生态种养生产和常规生产之间应设置有效的缓冲带或物理屏障,防止常规生产使用的投入品对生态种养产品的产地造成污染。稻鸭共生田块的环境空气质量、灌溉水质量和土壤环境质量应符合 NY/T 391 绿色食品产地环境质量的要求。

5 水稻生产管理

5.1 品种选择

应该选择适宜本区域种植的增产潜力大、综合抗性好的中晚熟优质水稻品种,通过国家或省农作物品种审定委员会审定。而且所选种子质量应符合 GB 4401.1 的规定,要求纯度≥96%,发芽率≥90%,净度≥98%;种子含水率粳稻≤14.5%,籼稻≤13.5%。

5.2　种子处理

种子播前要进行晒种、选种、浸种消毒,然后催芽播种。

5.2.1　晒种

选择晴朗微风的天气,薄薄地摊开在晒垫上,晒 2 d~3 d,做到勤翻,使种子干燥度一致,提高发芽势和出苗率。

5.2.2　精选

利用风选净度仪、簸箕等去除杂质和空秕粒。用食盐水或泥水选种,将种子倒入配制成的液体中漂洗,捞出上浮的秕粒、杂质等,然后用清水冲洗 3 遍。

5.2.3　拌种浸种

选种后用50%多菌灵2 000倍~3 000倍液浸种60 h,杀灭种子传播病害。经过消毒的种子,如已吸足水分,可不再浸种;如果用 350 g/L 的精甲霜灵种子处理乳剂 6 g~10 g 拌种 100 kg,则在播种前仍需浸种,一般浸 24 h~48 h。

5.2.4　催芽

将吸足水分的种子堆放催芽,在堆放处铺上约 10 cm 厚稻草,再在上面铺上塑料薄膜,种子摊匀,上盖麻袋或塑料布,每 3 h~5 h 翻动 1 次,注意控制温度在 30 ℃左右,温度低时用 32 ℃~40 ℃温水淋堆增温,至 90%左右的种子露白(芽长不超过 1 mm)即可进行播种作业。

5.3　培育壮秧

5.3.1　秧田选择

选择背风、向阳、水源方便、地势高燥、排水良好、土质疏松肥沃的地块作育秧田。秧田内建成具有水源、秧床地、运输道路、排水及引水沟、堆肥场、堆床土场等基本设施。秧田常年固定,常年培肥地力。

5.3.2　秧本田比例

按照手插1∶(10~15),每亩大田需育秧田 45 m²~67 m²;机插∶1∶(60~80),每亩大田需育秧田 8 m²~ 12 m²。

5.3.3　秧床准备

床土选 3 份过筛的旱田土或水田土,与 1 份充分腐熟过筛有机肥混拌均匀。调制时先将符合 NY/T 393 规定的壮秧营养剂与 1/4 左右的床土混拌均匀做成小样,再用小样与其余床土充分拌匀,堆好盖严备用,2 d 后摆盘装土、测 pH,未达标准用稀硫酸补调至 pH 4.5~5.5,选用 30%甲霜·恶霉灵水剂 1.2 mL/m²~1.6 mL/m²,在播种前兑水喷雾,对床土消毒。秧床高出地面 8 cm~10 cm,打碎坷垃,整平床面。

5.3.4　精量播种

根据不同育秧方式和水稻类型合理选择适宜播种量。

a)　人工育秧(包括旱育秧和湿润育秧):秧床常规稻播种量为 45 g/m²~60 g/m²,杂交稻为 30 g/m²~40 g/m²;

    b)   抛秧育秧:塑盘育秧播种量常规稻为 90 g/盘～110 g/盘,杂交稻为 70 g/盘～
        90 g/盘,无盘旱育秧秧田播种量常规稻为 45 g/m²～60 g/m²,杂交稻为 30 g/m²～
        40 g/m²;

    c)   毯苗机插育秧:常规稻播种量为 90 g/盘～110 g/盘,杂交稻为 70 g/盘～90 g/盘;

    d)   钵苗机插育秧:常规稻播种量为 3 粒/钵～4 粒/钵,杂交稻为 2 粒/钵左右;

    e)   机械条直播:常规稻为 3.0 kg/亩～4.0 kg/亩,杂交中稻播种量为 1.5 kg/亩～
        2.0 kg/亩。

5.3.5　秧田管理

播种至出苗期,在浇足底水的前提下,一般不浇水。如发现出苗顶盖现象或床土变白水分不足时,要敲落顶盖,露种处适当覆土,用细喷壶适量补水,接上底墒,再覆以地膜。出苗至 1.0 叶期,在撒地膜后,床土过干处用喷壶适量补水,这段时间耗水量较少,一般要少浇水或不浇水,床土保持旱田状况。秧苗 1.1 叶～3.5 叶期,遵循"三看"浇水原则,一看土面是否发白和根系生长状况,二看早、晚叶尖吐水珠大小,三看午间高温时新叶是否卷曲,如床土发白、早晚吐水珠变小或午间新叶卷曲,要在 8:00 左右适当浇水。

若秧苗 2.5 叶龄期发现脱肥,应及时补肥,每平方米用硫酸铵 1.5 g～2.0 g,硫酸锌0.25 g,稀释 100 倍液叶面喷肥。喷后及时用清水冲洗叶面。

5.3.6　栽插前准备

适龄秧苗在移栽前 3 d～4 d 进入移栽前准备期,在不使秧苗萎蔫的前提下,进一步控制秧田水分,蹲苗、壮根,使秧苗处于缺水状态,以利于移栽后发根好、返青快、分蘖早。起秧前,带肥,每平方米苗床施磷酸二铵 125 g～150 g;带药,每 100 m² 用 10%啶虫脒乳油 3 mL～3.5 mL 防治潜叶蝇。

5.4　耕整地

稻田耕整地应根据当地水稻生产的农艺要求和田块情况,选择旱耕水整或水耕水整的方式。以旋耕为整地方式的,应间隔 2 年～3 年耕翻 1 次。前茬作物收获时留茬高度应小于 15 cm,秸秆粉碎长度小于 10 cm。耕整地后,田块应达到平整无残茬,高低差不超过3 cm;地头地边整齐,翻垡良好,没有立垡、回垡现象。

旱耕水整要在适宜的土壤墒情下进行,可采用正(反)旋、浅耕方法灭茬,深度在 12 cm～18 cm,耕深均匀,无漏耕现象。

水耕水整要在田块浅水灌入,浸泡 1 d 以上后水整,可采用秸秆还田机、水田埋茬起浆机等进行作业。作业后要求达到田面平整,基本无残茬、秸秆和杂草等。

5.5　栽插密度

一般每 666.7m² 常规稻品种插秧密度为 1.7 万穴～2.0 万穴,每穴 3 株～4 株;杂交稻品种插秧密度为 1.3 万穴～1.6 万穴,每穴 2 株～3 株。

5.6　栽插时期

一季中稻采用人工育秧,插秧时间为 5 月中旬至 6 月上旬,移栽秧龄为 25 d～35 d;抛秧育秧,抛秧时间为 5 月上旬至 6 月上旬,抛秧秧龄为 25 d～35 d;毯苗机插育秧,机插时间为 5 月下旬至 6 月中旬,秧龄为 15 d～25 d;钵苗机插育秧,机插时间为 5 月下旬至 6 月下旬,秧龄为 25 d～35 d;机直播,播种时间为 3 月中旬至 5 月上旬。

单季晚稻采用人工育秧,插秧时间为 6 月上旬至 6 月下旬,移栽秧龄为 25 d～35 d;抛秧育秧,抛秧时间为 6 月上旬至 6 月下旬,抛秧秧龄为 25 d～35 d;毯苗机插育秧,机插时间为 6 月上旬至 6 月中旬,秧龄为 15 d～20 d;钵苗机插育秧,机插时间为 6 月上旬至 6 月中旬,秧龄为 25 d～35 d;机直播,播种时间为 5 月上旬至 6 月中旬。

5.7　栽插深度

在插秧时,为保证栽插质量,水稻栽插深度控制在 2 cm～3 cm,以防漂秧。

5.8　肥料管理

稻鸭生态种养稻田以施有机肥作基肥为主,一般每 666.7 m² 施用商品有机肥 1 200 kg～1 500 kg。一般情况不需追肥,特殊情况可适量追施氮肥。肥料符合 NY/T 496 的规定。

5.9　水分管理

插秧完成后保持浅水层;待返青后采用浅水勤灌方式进行,水层保持在 2 cm～3 cm,以便于增加土壤含氧量,减少有害气体富集,促进分蘖早发快发。为构建高质量群体结构,至高峰苗期根据群体大小适时提前(或推迟)晒田,以减少无效分蘖,提高成穗率。为提高水稻后期根系活力,延缓叶片衰老,抽穗扬花期保持浅水层,灌浆期进行干湿交替灌溉。

5.10　病虫害防治

要及时掌握和监测水稻生育期内的病虫草害,并开展防治。以农业防治、物理防治和生物防治为主,少量农药防治为辅。农药使用符合 GB/T 8321 的规定。

5.10.1　水稻主要病虫草害

主要病害有恶苗病、青(立)枯病、稻瘟病、纹枯病、稻曲病等;虫害有稻飞虱、稻纵卷叶螟、二化螟等;杂草有稗草、千金子、鸭舌草、牛毛毡、矮慈姑等。

5.10.2　农业防治

选用抗病虫品种、培育壮苗、加强栽培管理、中耕除草、翻耕晒垡、清洁田园、轮作倒茬、水旱轮作、用养结合等,减少病虫草害发生。

5.10.3　物理防治

采用黑光灯、频振式太阳能杀虫灯等物理装置诱杀二化螟、稻纵卷叶螟、稻飞虱等害虫,一般每 35 亩～50 亩稻田安装 1 盏杀虫灯,杀虫灯底部一般距地面 1.5 m。杂草清除可采用人工除草和机械除草措施。

5.10.4　生物防治

利用及释放天敌(如赤眼蜂等)控制有害生物,创造自然天敌繁殖环境,避开天敌对农药的敏感期,以保护天敌。每亩可放置诱捕器 1 个,用香根草、性引诱剂诱杀稻纵卷叶螟和三化螟。在水稻田里放养鸭子,让鸭子在水稻田中捕食害虫、取食各种田中杂草来抑制虫害和杂草对水稻生长的破坏,促进水稻高产。

5.10.5　化学防治

主抓水稻关键期的病虫害防治。当发病较重时,需要采用化学防治的方法。施药前,先临时赶鸭离田,施药后 2 d～3 d 不放鸭,确保不受影响。秧田期注意防治二化螟、稻蓟马;分蘖到拔节期防治二化螟、大螟、稻飞虱、稻纵卷叶螟、白叶枯病等;拔节期到孕穗期防治稻苞虫、稻纵卷叶螟、稻瘟病、纹枯病;孕穗到抽穗期防治稻纵卷叶螟、稻苞虫、二化螟、稻曲病、稻瘟病;始穗期至齐穗期防治穗颈瘟和白叶枯病;灌浆期防治稻褐飞虱。其中,防治稻瘟病可选 25% 嘧菌酯悬浮剂每亩 40 mL～60 mL,兑水喷雾;防治稻曲病可选 430 g/L 戊唑醇悬浮剂每亩 10 mL～20 mL,兑水喷雾;防治纹枯病可选 25% 丙环唑乳油每亩 30 mL～40 mL,兑水喷雾;防治稻飞虱可选 10% 吡虫啉可湿性粉剂每亩 10 g～20 g,兑水喷雾;防治稻蓟马可选 50% 吡蚜酮可湿性粉剂每亩 15 g～20 g,兑水喷雾;防治螟虫可选 20% 氯虫苯甲酰胺悬浮剂每亩 5 mL～10 mL,兑水喷雾。

6 鸭子养殖管理

6.1 基础设施

建设良好的鸭子栖息地、鸭舍等,同时做好围栏,防止鸭子外逃。放鸭前,在稻田四周将尼龙网用竹竿或木桩加固围合,建成防逃围栏,围栏高度 60 cm～80 cm。布设自来水管,水管出水口设在鸭子栖息活动场地内。移动鸭舍设置在水管出水口附近,在移动鸭舍和水管出水口旁边设陆上运动场和水上运动场。鸭子数量、鸭舍、陆上运动场和水上运动场的面积设置宜符合如下比例:如养鸭 200 只,需移动鸭舍 18 ㎡、陆上运动场 60 ㎡、水上运动场 100 ㎡。

6.2 鸭品种选用

应当选用优良、抗病、活动灵活、生命力强、适应力和抗逆性均较强的中小型品种,且注射疫苗,雏鸭健康、无病。

6.3 鸭苗放养

在水稻返青或拔节后,将经过育雏 15 日龄与适水训练 15 d 以上的雏鸭放入已围网的稻田中;放养密度根据土壤地力条件,一般每 666.7 ㎡ 常规稻放养 12 只～15 只,杂交稻放养 15 只～18 只。

6.4 放养后管理

放养后,要定期查看水层的深浅,鸭群的成活、觅食及受敌害情况以及围栏是否破损,有无鸭子外逃等。同时按"早喂半饱晚喂足"的原则确定补饲量,合理补料;一般每天傍晚投喂 1 次,投喂以稻谷为主,玉米为辅,每次投喂 70 g/只～100 g/只;随着鸭子长大,适当增加投喂量。关注并提早预防疾病,防疫措施按照 NY 5263 的规定执行。

7 鸭子捕捉和水稻收获

在水稻灌浆初期收鸭上岸。在米粒失水硬化、95% 以上的粒颖壳变黄,2/3 以上穗轴变黄,95% 的小穗轴和副护颖变黄,即黄化完熟率达 95% 为收割适期,及时用联合收割机收获。经机械收获后晾晒使水分达到 14.5% 的标准。如用烘干机干燥,每小时降低 1 个水分单位,温度控制 45 ℃ 以内,以免降低品质。整个晾晒过程防止湿、干反复,以免加重裂纹米率。

稻麦主要病虫草害精准控害技术规范

1　范围

本文件规定了安徽省水稻小麦主要病虫草害精准控害的防控原则、防治策略及农艺措施、物理措施、生防措施和化防措施。

本文件适用于稻麦轮作系统生产过程中病虫草害的防治。

2　规范性引用文件

下列文件中的内容通过文中的规范性引用而构成本文件必不可少的条款。其中,注日期的引用文件,仅该日期对应的版本适用于本文件;不注日期的引用文件,其最新版本(包括所有的修改单)适用于本文件。

GB 4285　农药安全使用标准

GB 4404.1　粮食作物种子　第1部分:禾谷类

GB/T 8321(所有部分)　农药合理使用准则

GB 15618　土壤环境质量标准

GB/T 15671　主要农作物包衣种子技术条件

GB/T 17980.40　农药田间药效试验准则

3　术语和定义

下列术语和定义适用于本文件。

3.1　精准控害

从稻麦农田生态系统出发,因地制宜,以农业防治为基础,通过推广应用生态调控、生物防治、物理防治、科学用药等综合防控技术体系,减少化学农药使用量,经济、安全、准确有效地消灭或控制病虫草危害,将病虫草危害降低到尽可能低的程度。

3.2　安全间隔期

水稻、小麦最后1次施药距离收割的间隔天数。

4　防治原则

贯彻"预防为主,综合防治"植保方针,以选用抗(耐)性强品种和健身栽培为基础,根据病虫草害监测预报或实际发生情况,制定防治方法,确定防治时期,协调运用农业、生物、物理及化学等防治措施,将病虫草害造成的损失控制在经济允许水平之内。在农药使用过程中,严格按 GB 4285 和 GB/T 8321(所有部分)的规定执行。

5 防治技术及方法

5.1 农业防治

5.1.1 品种选择

选用通过安徽省农作物品种审定委员会或全国农作物品种审定委员会审定,适宜安徽沿淮区域种植的高产、病虫草综合抗性强的水稻、小麦品种。种子质量应符合 GB 4404.1 的规定。稻-麦品种定期轮换,合理布局,保持品种特征特性。

5.1.2 种子处理

按 GB 15671 和 GB/T 8321 的规定,播种前用种衣剂对种子进行包衣处理,防治土传病菌和作物病虫草害等。如种子未包衣,则需药剂拌种。

    a) 小麦药剂拌种:小麦地下虫害如蛴螬、蝼蛄等,可选用50%辛硫磷拌种,50 kg 种子用药 100 g,兑水 2 kg～3 kg,也可用48%毒死蜱乳油按种子重量的 0.3%拌种;小麦全蚀病、白粉病和纹枯病等病害重发区,用15%的粉锈宁可湿性粉剂按种子重量0.2%拌种或20%三唑酮乳油 0.5 kg 加水 2.5 kg,拌麦种 250 kg。

    b) 水稻药剂拌种:稻瘟病重发地区及其易感病品种,用 24.1%肟菌·异噻胺种子处理悬浮剂 15 mL～25 mL 加水稀释至 1.5 L～3.0 L,搅拌包衣稻种 100 kg;纹枯病、稻纵卷叶螟和稻飞虱等易发年份和地区,用 24.0%噻呋酰胺悬浮剂 20 mL 或 20%氯虫苯甲酰胺悬浮剂 10 mL、10%三氟苯嘧啶悬浮剂 15 mL 加水稀释至 1.5 L～3.0 L,搅拌包衣稻种 100 kg。

5.1.3 播前整地

土壤环境质量符合 GB 15618 的规定。

做好土壤消毒处理,清除田埂、沟边杂草,减少土壤种子库草籽输入量,喷施吡虫啉等杀虫剂杀灭滩内的害虫,水稻田播前深耕灌水灭蛹,清除菌源。

5.1.4 加强肥水管理

根据土壤肥力和产量目标确定全生育期氮肥、磷肥、钾肥和微肥的用量以及底肥所占比例。同时,按照各时期苗情长势确定追肥的用量,提倡增施有机肥,合理喷施含钾、锌、硅、抗逆诱导物质等多种有效成分的叶面肥,促进水稻、小麦健壮生长,增强植株抗病虫草害能力。

5.1.5 培育壮苗

    a) 小麦田块:中耕划锄促进根系发育和小麦冬前分蘖,弱苗适当浅锄,促其转化升级;对肥水较高和有旺长趋势的麦田适当深些,以控制旺长和无效分蘖。

    b) 水稻田块:分蘖初期喷施稻发蔸或矮壮素等提高秧苗质量,控制好稻田水层深度或采用干湿交替法晒田,改善土壤理化特性,调节土壤中空气含量和微生物含量为水稻秧苗生长发育创造良好土壤条件。

5.2 物理防治

5.2.1 灯光诱杀

利用金针虫、蝼蛄、金龟子、黏虫等成虫的趋光性,在田间安装杀虫灯,诱杀害虫成虫,每20 亩～50 亩安装一盏,安装高度以灯管底部距地面 1.5m 为宜,在害虫成虫发生期使用。

5.2.2　颜色诱杀

悬挂黄色粘虫板、黄色机油板或银灰膜诱杀或趋避某些害虫。预防期每 666.7 m² 悬挂 20 cm×30 cm 粘虫板 15 块～20 块,害虫发生期悬挂 40 块～60 块,竖向挂置,悬挂方向以板面向东西方向为宜,高度高出小麦冠层约 20 cm,粘满虫后及时更换。

5.2.3　性信息素诱控

在田间二化螟、稻纵卷叶螟、麦叶蜂和红蜘蛛等成虫发生期,使用性信息素诱杀,诱捕器数量按产品类型规模化放置。

5.2.4　灌水杀蛹

在二化螟、三化螟或大螟初蛹期采用烤田、搁田或灌浅水,以降低化蛹的部位,进入化蛹高峰期后,突然灌深水 10 cm 以上,保持 4 d～5 d,淹死蛹和老熟幼虫。

5.2.5　人工摘除卵块

对发现的二化螟、三化螟等害虫卵块采取人工摘除,带出田间统一销毁。

5.3　生物防治

a)　麦田防治:创造有利于天敌的生存条件,利用七星瓢虫、食蚜蝇、蚜茧蜂等生物天敌来控制害虫数量。当天敌数量与蚜虫数比例大于 1∶120 时,可不用或慎用药剂防治,如蚜量明显上升,百株(茎)蚜量超过 500 头,天敌数量与蚜虫数比例小于 1∶120 时,应立即发出防治警报,迅速开展化学防治。

b)　稻田防治:单季稻大田 7 月前不宜施用化学农药,为稻田蜘蛛、卷叶螟绒茧蜂、稻螟赤眼蜂及黑卵蜂等天敌种群生长营造适宜环境。在稻纵卷叶螟产卵始期释放人工繁殖的赤眼蜂,一般每 667 m² 放蜂 3 处～5 处,1 万～3 万头,连续放 3 次,每次间隔 2 d～3 d。

5.4　化学防治

5.4.1　防治原则与农药使用

坚持"主动出击、预防为主,统防统治"的原则,农药的使用应符合 GB 4285 和 GB/T 8321(所有部分)的规定,严禁使用剧毒、高毒、高残留农药或致畸、致突变等农药;不同年份,化学药剂应轮换使用,防止或延缓病虫草对农药的抗(耐)性;坚持一喷多防、治"主"兼"次",尽可能减少用药次数和用药量。

5.4.2　小麦病虫草害综合防治

a)　病害防治:纹枯病常发麦区播前可用立克秀、井冈霉素拌种预防冬前发病。拔节初期每 667 m² 可选 20％井冈霉素或 20％烯唑醇 10 mL～15 mL,兑水 40 kg 选择上午有露水时喷药,使药液流到麦株基部;白粉病每 667 m² 用 12.5％烯唑醇或 25％咪鲜胺或 20％氰烯菌酯 15 mL～20 mL 兑水 40 kg 喷雾防治;赤霉病每 667 m² 用 20％氰烯菌酯或 80％多菌灵悬浮剂 10 mL～15 mL 兑水 40 kg,或 36％甲基硫菌灵悬浮剂 1 500 倍液均匀喷于小麦穗部。

b)　虫害防治:麦蜘蛛每 667 m² 用马拉·辛硫磷 20％乳油(EC)45 mL～60 mL 兑水 30 kg～40 kg,或阿维菌素 1.8％乳油(EC)2 000 倍～3 000 倍,均匀喷雾;吸浆虫每 667 m² 可用吡虫啉 10％可湿性粉剂(WP)20 g＋敌敌畏 80％乳油(EC)50 mL,

或高效氯氰菊酯 4.5％乳油(EC)40 mL～50 mL＋敌敌畏 80％乳油(EC)50 mL，兑水 30 kg～40 kg 均匀喷雾；麦蚜每 667 m² 可用吡虫啉 10％可湿性粉剂（WP）20 g～30 g，或抗蚜威 50％可湿性粉剂(WP)10 g～20 g，或高效氯氰菊酯 4.5％乳油(EC)40 mL～50 mL＋敌敌畏 80％乳油(EC)50 mL，兑水 30 kg～40 kg 均匀喷雾。

c) 草害防治：雀麦每 667 m² 可选用氟唑磺隆 70％水分散粒剂（WG）3 g～4 g，兑水 30 kg～40 kg 茎叶喷雾；越年生阔叶杂草播娘蒿、荠菜每 667 m² 可选用苯磺隆 75％干悬浮剂(DF) 0.9 g～1.7 g，兑水 30 kg～40 kg 均匀喷雾；一年阔叶杂草藜草、藜等每 667 m² 可选用 2,4－滴丁酯 72 ％乳油 40 mL～50 mL，或苯磺隆 75％干悬浮剂(DF) 0.9 g～1.7 g，兑水 30 kg～40 kg 均匀喷雾；打碗花每 667 m² 可选用氯氟吡氧乙酸(酯)20％乳油（EC）50 mL～70 mL，兑水 30 kg～40 kg 茎叶喷雾。

5.4.3 水稻病虫草害综合防治

a) 病害防治：水稻纹枯病多发生于秧苗期至抽穗期，可用 5％井冈霉素可湿性粉剂防治，或在发病初期用 20％多菌灵乳剂每 667 m² 用药 125 mL～150 mL；稻瘟病多发生于分蘖盛期和抽穗初期，可用 75％三环唑或 40％稻瘟灵防治，或在水稻稻瘟病发病初期，每 667 m² 使用 25％氟硅唑咪鲜胺 50 mL～60 mL 兑水喷雾，或 45％咪鲜胺 28 mL～33 mL 兑水喷雾，隔 7 d 喷洒 1 次；穗部稻曲病可用 43％戊唑醇或 36％多酮化学药剂防治；白叶枯病发病初期可用 10％氯霉素 100 g 或 70％叶枯净胶悬剂 100 g～150 g、25％叶枯灵可湿性粉剂 175 g～200 g，兑水 50 kg～60 kg 喷洒，也可在 5 叶期和水稻移栽前 5 d，各喷中生菌素 500 倍液 1 次，或每 667 m² 用 25 g～50 g 50％氯溴异氰尿酸水溶性粉剂兑水 50 kg 喷雾。

b) 虫害防治：稻飞虱用吡蚜酮、烯啶虫胺、乙虫腈或醚菊酯，虫情世代重叠严重可选用异丙威加吡蚜酮或加烯啶虫胺喷雾防治；二化螟 1 代用 Bt 喷雾防治，2 代用阿维·氟酰胺或氯虫苯甲酰胺喷雾防治，3 代用杀虫单或阿维菌素复配剂喷雾防治；稻纵卷叶螟用 20％氯虫苯甲酰胺悬浮剂 10 mL 或 20％抑食肼可湿性粉剂 50 g～100 g，或 22％氰氟虫腙悬浮剂 30 mL，或 30％茚虫威水分散粒剂 8 g，每 667 m² 用水量 30 kg～60 kg；白背飞虱用 70％吡虫啉水分散粒剂 4 g，或 25％噻虫嗪水分散粒剂 4 g，或 50％烯啶虫胺可溶性粉剂 10 g～15 g，每 667 m² 水量 30 kg～60 kg。

c) 草害防治：采用"一封二杀三补"的方式。一封，在杂草出土前选择安全性好、杀草谱广的土壤处理剂采用药土(肥)法或喷雾法进行土壤封闭处理，播种前可用 50％丁草胺乳油 100 mL/667 m²～50 mL/667 m²＋ 10％苄嘧磺隆可湿性粉剂 20 g/667 m²～25 g/667 m²，加水 30 kg 均匀喷雾进行土壤封闭处理，药后 5 d～7 d 排水播种；二杀，稻田禾本科、阔叶及莎草科杂草于水稻插秧 5 d～7 d 秧苗返青后，每 667 m² 用 53％苄嘧·苯噻酰 80 g～100 g 或 68％苄嘧·苯噻酰 60 g～65 g 或 20％苄嘧·莎稗磷 80 g 或 50％苄嘧·苯噻酰 80 g～100 g 用毒土毒肥法施药，施药时保持水层 3 cm～5 cm，5 d～7 d；三补，在第 2 次出草高峰期，补杀一些后期残留的杂草,选用 20 ％双草醚 60 g ＋ 50％二氯喹啉酸可湿性粉剂 50 g＋ 30％氰氟草酯 100 mL,或选用 10％噁唑酰草胺 100 mL～150 mL＋20％氰氟草酯 100 mL～150 mL,兑水 30 kg 均匀喷雾。

6 注意事项

6.1 稻虾、稻鱼、稻蟹等农业生态种养区和邻近种桑养蚕区,需慎重选用药剂。严格按照农药使用操作规程,遵守农药安全间隔期规定。提倡使用高含量单剂,避免使用低含量复配剂,禁止使用含拟除虫菊酯类成分的农药,慎重使用有机磷类农药。

6.2 施药后用清水彻底清洗施药器械各部位残留农药并对清洗后的废液妥善处理,按 GB/T 17980.40 的规定执行。

6.3 药土(肥)法配药、拌药、撒施时须带胶皮手套。

6.4 田间用药时,必须戴防护口罩,穿长袖上衣、长裤,并注意风向。

6.5 用药结束后,用肥皂彻底清洁手、脸并漱口,同时用清水洗净配药、拌药、用药器具,已盛装过农药的器具,严禁用于盛放农产品和其他食品。

7 生产档案

详细记录病虫草害发生时间、强度、规律及防治使用药品种类和各防治手段效果等,并建立生产档案,保存 3 年～5 年。

水稻无人化养分管理技术规程

1 范围

本文件规定了水稻无人化养分管理技术的水稻品种选择、肥料配方及用量、基施作业、机插作业、穗期诊断施肥、水分管理等技术指标。

本文件适用于安徽沿淮、江淮地区水稻轻简化生产。

2 规范性引用文件

下列文件中的内容通过文中的规范性引用而构成本文件必不可少的条款。其中，注日期的引用文件，仅该日期对应的版本适用于本文件；不注日期的引用文件，其最新版本（包括所有的修改单）适用于本文件。

DB34/T 3648 农用无人机棉花田间管理技术规程

3 术语和定义

下列术语和定义适用于本文件。

3.1 水稻无人化养分管理

复配水稻专用混合肥一次施肥结合穗期遥感氮营养指数诊断追肥，实现"一次轻简施肥，一次数字诊断，一生精准供肥"的轻简无人化施肥技术。

3.2 水稻专用混合肥

根据水稻品种生育进程特点、需氮特征及控释氮肥供肥规律，采用速效氮肥、水稻分蘖期靶向供氮控释肥和穗期靶向供氮控释肥3种不同释放期肥料定向复配形成的一类肥料。

3.3 氮营养指数

实际氮浓度与临界氮浓度的比值，可以直观地反映植株体内氮素的营养状况。氮营养指数（NNI）作为作物临界氮浓度模型的衍生指标，其能够快速准确判断作物氮素营养状态，当NNI＝1时，表明作物处于最佳氮素营养状态，当NNI＞1时，表明作物氮素营养处于过量状态，过多的氮素无法继续促进作物生长，当NNI＜1时，表明作物氮素营养处于缺乏状态，限制作物继续生长。NNI能准确实时地预测植株移栽后每天的氮素需要量，并能准确诊断出植株氮素盈亏量对作物不同生长指标的影响以及植株各生育时期的氮素亏缺状态，并能准确预测植株的氮素需要量，从而有效指导田间施肥。

4 水稻品种选择

选用分蘖成穗率高、灌浆速度快、抗逆抗倒能力强、生育期适中、品质优的水稻品种。

杂交籼稻的生育期为130 d左右，推荐品种有新两优106、丰两优1号、两优6326、旱优73、扬两优6号、桃优香占和桃香优361等；常规粳（糯）稻的生育期为150 d左右，推荐品种有皖垦糯1号、皖垦糯2号、连粳3号、镇稻99、皖稻153、南粳9108和丰粳58等。

5 肥料配方及用量

5.1 专用缓混肥配方及用量

缓混肥采用包膜材料与核心尿素质量比为 2.1%(w/w)、2.8%(w/w)、3.0%(w/w)的聚氨酯包膜控释氮肥,养分释放期(25℃静水中养分释放 80%的天数)分别为 30 d、80 d 和 100 d 的包膜控释氮肥复配而成。根据品种类型和穗型大小确定缓混肥的配方及用量,具体见表1。

表 1 专用缓混肥配方及用量

品种类型	穗型	每穗粒数,个	氮肥用量,kg/667 m²	肥料配方
杂交籼稻	大穗型	>200	12	尿素:30 d:80 d = 4:5:1
	中穗型	160~200	12	尿素:30 d:80 d = 4:4:2
	小穗型	<160	12	尿素:30 d:80 d = 4:3:3
常规粳(糯)稻	大穗型	>200	15	尿素:30 d:100 d = 4:5:1
	中穗型	130~200	15	尿素:30 d:100 d = 4:4:2
	小穗型	<130	15	尿素:30 d:100 d = 4:3:3

注:30 d、80 d 分别表示养分释放期为 30 d、80 d 的包膜控释氮肥。

5.2 氮、磷、钾配比

根据土壤磷、钾丰缺情况,确定氮、磷、钾配比。对于中高含磷量或者中高含钾量的土壤,$N:P_2O_5:K_2O = 30:5:10$;对于含磷量低或者含钾量低的土壤,$N:P_2O_5:K_2O = 30:10:10$ 或 $30:10:12$。水稻土壤有效磷和速效钾养分丰缺指标见表2。

表 2 专用缓混肥配方及用量

速效养分类型	土壤含量,mg/kg	土壤有效磷等级
有效磷	>21	极高
	17~21	高
	10~17	中
	<10	低
速效钾	>140	极高
	115~140	高
	60~115	中
	<60	低

6 基施作业

6.1 施肥时间

控制水稻在 6 月 5 日—6 月 10 日移栽,缓混肥在移栽前 1 d 施用,减少温度变化对水稻专用缓混肥养分释放的影响。

6.2 施肥方法

在整地前通过撒肥机将水稻专用缓混肥均匀撒入稻田,利用旋耕机在平地时将肥料施入土壤表层 2 cm~3 cm 处,施肥后 3 d 内避免排水和灌水。为达到均匀施肥,使田块中每一地方都能施到,防止"缺穴"而出现水稻群体生长不平衡问题,把施肥量等量分为两份,按纵横方向分两次均匀撒施。

也可采用机插侧深施肥机械,在插秧的同时将肥料一次性均匀施入秧苗根际一侧 5 cm 处,施肥深度 3 cm 左右。在施肥前,要对机械进行施肥量的校正,使其与推荐施肥量相同;在施肥时,要检查肥料是否正常排出,密切注意肥料仓下肥情况,如浮舟部有泥土固结、堵塞,及时清理,确保不漏施肥料。

7 机插作业

7.1 大田要求

根据茬口、土壤性状采用适宜的耕整方式,耕整后田面要求平坦、整齐,落差小于 3 cm,表土松软适当、田面无杂物。机插水稻田前作留茬不宜过多,否则,若地表残茬过多,易造成漂秧。大田整地后要充分沉实,时间因土质的情况而定,如果为沙质土,则沉实 1 d 即可,如果为壤土,则沉实 2 d~3 d,黏土则需要更长的时间。

7.2 机插参数

整田后待田面充分沉实后插秧,机插带土小苗水深应在 1 cm~2 cm。如水过深,容易漂秧;水过浅而田面又不平整时易造成有些田面无水而增大插秧机滑动阻力。水田泥脚深度应小于 40 cm,如泥脚过深,会使插秧机打滑,甚至无法行走。机插秧苗高 10 cm~20 cm,叶龄 2~4.5,秧根盘结,土块不松散。杂交籼稻适宜的机插行株距 30 cm×16 cm,常规粳(糯)稻为 30 cm×(12 cm~14 cm)。杂交籼稻每穴 1 苗~2 苗,常规粳(糯)稻每穴 3 苗~4 苗。机插深度以 2 cm 为宜。

8 穗期诊断施肥

8.1 氮营养指数(NNI)反演

在倒三叶期,利用 ASD FieldSpec4 地物光谱仪测定水稻倒二叶和倒三叶叶片近红外(850 nm~950 nm)和绿光(530 nm~550 nm)波段反射光谱,获得各波段下叶位反射率均值并形成比值植被指数监测参数,建立 $y(NNI) = 0.3517x($比值植被指数$) - 0.1967$ 的 NNI 反演回归方程,遥感水稻氮营养指数。

8.2 追肥决策

根据不同水稻品种反演出的 NNI 进行追肥。当 NNI≥1 时,不追肥。当 NNI<1 时,杂交籼稻每 667 m² 施用尿素 5 kg、常规粳(糯)稻每 667 m² 施用尿素 8 kg。此外,雨天追肥易造成肥料流失,天气炎热的晴天易造成肥害,应选择在晴天 16:00 后追施肥料为宜。追肥后切不可脱水,一般 5 d~7 d 内要求保护浅水灌溉。

8.3 无人机追肥

无人机追肥作业按 DB34/T 3648 的规定执行,要做到均匀施肥,忌漏追、重追。施肥后 7 d 检查作业效果,未达到作业要求的区域,应根据不同情况及时采取补救措施。

9 水分管理

建立以干湿交替或湿润灌溉为主的灌溉制度,湿润模式满足水稻对水分需求,控干稻田水能增加土壤氧气,满足根系氧气需求。

分蘖期浅水层—饱和土壤含水率间歇灌溉,短期落干形成旱地、增加根区空气含量,以促分蘖早发快生,达到80%预期穗数及时搁田。搁田以人立不陷脚、叶片明显落黄为宜。

穗发育期建立2 cm~3 cm浅水层和湿润交替灌溉,协调土壤水气矛盾。

抽穗开花期稻田保持5 cm~10 cm水层,维持高蒸腾需求,有效减缓冠层温度。

灌浆期干湿交替灌溉,收获前2周停止灌溉。

10　收获

水稻收割前要及早排水,必要时挖沟将低洼地里的水及早排干晒田。当稻谷成熟度达到85%~90%时,抢晴收获。收获后的稻谷含水率往往偏高,为防止发热、霉变,产生黄曲霉,应及时将稻谷摊于晒场上或水泥地上晾晒2 d~4 d,使其含水率到14%,然后入仓。

水稻无人化养分管理技术规程明白卡见图1。

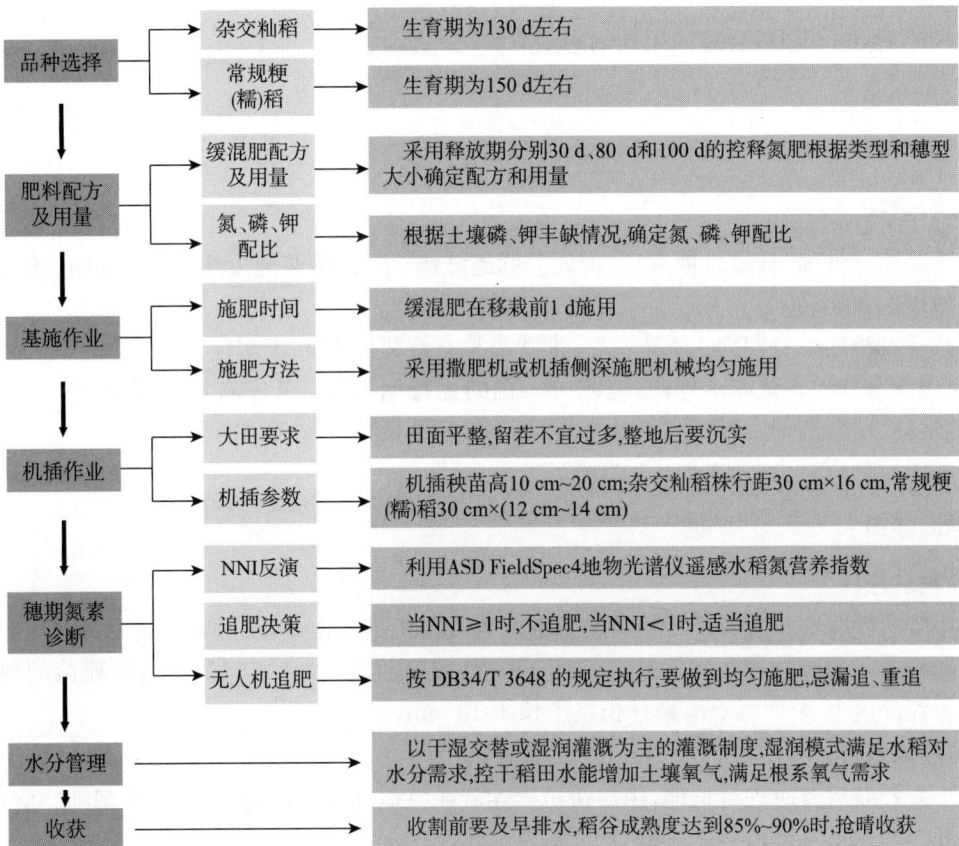

图1　水稻无人化养分管理技术规程明白卡

沿淮麦茬稻直播生产技术规范

1 范围

本文件规定了沿淮麦茬稻直播生产的品种选择、秸秆还田、播种开沟、施肥、水分管理、化学除草、病虫害防治、收获等技术。

本文件适用于沿淮地区麦茬稻直播生产。

2 规范性引用文件

下列文件中的内容通过文中的规范性引用而构成本文件必不可少的条款。其中,注日期的引用文件,仅该日期对应的版本适用于本文件;不注日期的引用文件,其最新版本(包括所有的修改单)适用于本文件。

GB 4404.1 粮食作物种子 第 1 部分:禾谷类

NY/T 496 肥料合理使用准则通则

3 术语和定义

本文件没有需要界定的术语和定义。

4 品种选择

选用感光性强、分蘖成穗率高、无效分蘖退减快、早发、灌浆速度快、抗逆抗倒能力强、生育期适中的水稻品种。

杂交籼稻的生育期为 125 d 左右,推荐品种有新两优 106、丰两优 1 号、两优 6326、旱优 73、桃优香占和桃香优 361 等;常规粳(糯)稻的生育期为 140 d 左右,推荐品种有皖垦糯 1 号、皖垦糯 2 号、连粳 3 号、镇稻 99、皖稻 153 和丰粳 58 等。

种子质量应符合 GB 4404.1 的规定。

5 秸秆还田

5.1 秸秆粉碎

小麦收割时选择装有秸秆粉碎装置的联合收割机进行作业,及时"早"还田,在收割的同时将秸秆进行粉碎处理并均匀抛撒,防止成堆或成带放置,以免出现烧苗或吊死苗的现象。秸秆留茬高度不高于 15 cm,秸秆长度不长于 10 cm。

5.2 旋耕埋茬

小麦收获后及时进行整地,用旋耕机灭茬旋耕整地,或先进行耕翻再旋平耙细。旋耕埋茬深度≥10 cm,埋茬覆盖率≥85%。

6 播种开沟

6.1 种子准备

6.1.1 种子处理

播(浸)种前 2 d~3 d 晒种,提高种子的吸水能力和发芽势。去除空秕尤其是带枝梗的种子,以免影响播种质量。之后药剂浸种,浸种时一定要处于避光状态,容器上方加盖防晒物。浸种时间 24 h～48 h。浸种后用旱育保姆复配剂拌种。常用浸种药剂及其使用方法见表 1。

表 1　常用浸种药剂及其使用方法

防治对象	药剂名称	使用量或使用浓度	注意事项
恶苗病、细菌性条斑病、水稻白叶枯病	40％三氯异氰尿酸可湿性粉剂	300 倍液	先用清水浸泡 12 h,再放入药液中浸泡 12 h,然后用清水冲洗净
稻瘟病、恶苗病、稻曲病、胡麻叶斑病等	25％咪鲜胺乳油	2 000 倍液	浸泡 48 h

6.1.2　催芽

将吸足水分的种子用 50 ℃～60 ℃的温水浸种 3 min～5 min,捞出放入专门的催芽室进行催芽;或者采用人工堆放催芽,通过人工增温使种子在 38 ℃～40 ℃下破胸,种子破胸后进行翻堆、淋水降温,使种子堆的温度保持在 25 ℃～30 ℃发芽。在催芽过程中注意经常检查种子的温度,防止因温度过高而烧芽。

当芽谷达到炼芽标准时,为增强芽谷播种后对自然低温环境的适应能力,将芽谷摊放室内,在室温下炼芽。

6.2　播期与播量

6.2.1　播期

适时早播,一般播期在 6 月 5 日—6 月 10 日,最迟不得迟于 6 月 15 日。

6.2.2　播种量

杂交籼稻亩播种量为 1.5 kg～2.0 kg,常规粳(糯)稻为 5 kg～8 kg。浅播、匀播,机械条播行距 25 cm,深度以 2 cm 为宜。

根据播种期,品种的千粒重、分蘖力强弱及产量结构适当调整播量。

6.3　播后开沟作畦

播种后作畦开沟,畦面宽 3.8 m～4 m,沟宽 25 cm,沟深 20 cm。

7　施肥

7.1　基肥

杂交籼稻每 667 m² 基肥施用 N 5.5 kg～6.5 kg、P_2O_5 2.5 kg～3.5 kg、K_2O 3.0 kg～4.0 kg;常规粳(糯)稻每 667 m² 基肥施用 N 8 kg～9 kg、P_2O_5 6 kg～8 kg、K_2O 3.5 kg～4.5 kg。氮肥宜使用短释放期的缓控释肥组合产品。根据当地测土配方结果,亩配施锌肥 1 kg～2 kg,硅肥 4 kg～5 kg。肥料使用准则应符合 NY/T 496 的规定。

7.2　追肥

拔节后 5 d～7 d,杂交籼稻每 667 m² 追施 N 4.0 kg～5.0 kg、K_2O 3.0 kg～4.0 kg;常规粳(糯)稻每 667 m² 追施 N 7 kg～8 kg、K_2O 3.5 kg～4.5 kg。

破口前 5 d～7 d,常规粳(糯)稻视叶色(倒三叶与倒四叶叶色差)追施氮素粒肥,当倒四叶叶色浅于倒三叶叶色时,每亩追施尿素(46%N)粒肥 2 kg。杂交籼稻抽穗期及抽穗后一般不施氮肥,灌浆期每亩酌情用磷酸二氢钾 250 g 加尿素(46%N)500 g,兑水喷施。

8 水分管理

8.1 出苗期

足墒播种或播种后立即灌水,以保持田面湿润不积水,确保播种后 3 d～5 d 出苗。

8.2 分蘖期

以浅水勤灌为主,建立薄水层,促进直播稻分蘖、抑制杂草出苗。分蘖前期湿润灌溉,当田间茎蘖数达目标穗数的 80%时烤田。

8.3 穗分化期

拔节至抽穗前田间保持 1 cm～3 cm 浅水层,以湿为主,浅湿灌溉。

8.4 灌浆期

抽穗至收获前 7 d 间歇灌溉、干湿交替,水层落干后轻搁 2 d～3 d 再上水。

9 化学除草

麦茬直播稻田杂草、杂稻发生时间早,出草种类多、数量多,时间久,威胁大。生产上主要采用“播前除草,播后封闭,茎叶处理灭杀,后期化学除防”的综合防控策略。

9.1 播前除草

对于杂草较多的田块或免耕直播田,在播前 10 d 左右于无降雨天气每 667 m^2 选用灭生性除草剂 41%草甘膦异丙铵盐 150 mL 兑水 45 kg～60 kg 喷雾。

9.2 播后封闭

于播后苗前(播后 2 d～3 d,水稻露芽扎根但未出土)进行土壤封闭,每 667 m^2 选用 40%苄嘧·丙草胺 60 g～70 g 兑水 40 kg～50 kg 喷雾,或 30%丙草胺乳油 100 mL～120 mL 兑水 40 kg～50 kg 喷雾。用药后 7 d 内畦面保持湿润状态,不开裂、不渍水。

9.3 3叶～5叶期

秧苗 3 叶～5 叶期出现杂草,每 667 m^2 用 20%敌稗乳油 250 mL 加 50%丁草胺乳油 100 mL,兑水 60 kg～80 kg 均匀喷雾,田间排水后再喷药,施药后 1 d 上浅水层并保水 5 d～7 d。

9.4 后期化学除防

分蘖末期视草情可再进行 1 次防除;对于不能灭除的杂草可进行 1 次人工拔除。根据不同的杂草种类,定向选择除草剂补除 1 次。常用除草剂及其使用方法见表2。

表 2 常用除草剂及其使用方法

防治对象	药剂名称	每 667 m^2 使用量	施用方法	注意事项
一年生禾本科杂草	10%噁唑酰草胺乳油	100 mL～120 mL	兑水 30 kg～40 kg 喷雾	水稻 3 叶～4 叶期使用,施药前放干水,施药后 24 h 复水

表2(续)

防治对象	药剂名称	每667 m² 使用量	施用方法	注意事项
千金子、稗草	10%氰氟草酯乳油	60 mL～80 mL	兑水 20 kg～30 kg 喷雾	施药前排干田水,药后 24 h～48 h 灌水,保水 5 d～7 d
一年生和多年生阔叶杂草和莎草科杂草	10%吡嘧磺隆可湿性粉剂	15 g～30 g	毒土法	水稻 1 叶～3 叶期使用,药后保持水层 3 d～5 d
阔叶草、莎草、三棱草、牛毛毡	10%苄嘧磺隆可湿性粉剂	20 g～30 g	毒土法	施药前灌水 3 cm～5 cm,保水 5 d～7 d
一年生和多年生水田杂草	20%丁苄合剂	200 g～300 g	毒土法	施药时田间水层 3 cm～5 cm,用药后保水 1 周,水层不能淹没水稻心叶
稗草、一年生莎草科杂草、阔叶草	2.5%五氟磺草胺油悬浮剂	60 mL～80 mL	兑水 50 kg～60 kg 喷雾	—
稗草	25%、50%二氯喹啉酸可湿性粉剂	有效成分 15 g～25 g	兑水 50 kg～60 kg 喷雾	3 叶期前喷雾

10　病虫害防治

以"预防为主,综合防治"为原则。

10.1　病害防治

主要防治病害有条纹叶枯病、恶苗病、稻瘟病、纹枯病和稻曲病。常用病害防治药剂及其使用方法见表3。

表3　常用病害防治药剂及其使用方法

防治对象	药剂名称	每亩使用量	主要发生时期	注意事项
条纹叶枯病	25%速灭威可湿性粉剂	150 g	苗期	化学防治灰飞虱是控制水稻条纹叶枯病发生的重点,水稻移栽后 5 d～7 d 秧苗返青期是防治大田期灰飞虱的关键时期
恶苗病	25%咪鲜胺乳油	稀释 2 000 倍液	苗期	浸种 24 h
稻瘟病	40%稻瘟灵＋75%三环唑	稻瘟灵 100 mL,三环唑 60 g～80 g	水稻灌浆期	在水稻破口期用药防治,齐穗期再用药 1 次

表3（续）

防治对象	药剂名称	每亩使用量	主要发生时期	注意事项
纹枯病	5%井冈霉素水剂	300 mL～350 mL	水稻分蘖盛期至破口期	水稻分蘖盛期至破口期用药
稻曲病	5%井冈霉素水剂	250 mL～300 mL	水稻抽穗扬花期	在水稻破口前5 d～7 d用药防治，7 d～10 d后再用药1次

10.2 虫害防治

主要防治虫害有稻纵卷叶螟、稻飞虱、二化螟、三化螟和稻蓟马。常用虫害防治药剂及其使用方法见表4。

表4 常用虫害防治药剂及其使用方法

防治对象	药剂名称	每亩使用量	主要发生时期	注意事项
稻纵卷叶螟	10%四氯虫酰胺悬浮剂	30 mL	5月中旬至8月底发生危害	卵孵化高峰期、1龄～2龄幼虫高峰期，兑水30 kg～40 kg喷雾
稻飞虱	5%锐劲特乳油，或20%异丙威乳油	5%锐劲特乳油30 mL～50 mL，20%异丙威乳油150 mL	8月底至9月上旬为虫量高峰期	药剂交替使用
二化螟、三化螟	20%氟苯虫酰胺水分散粒剂	30 mL	5月中旬至8月底发生危害	卵孵化高峰期、1龄～2龄幼虫高峰期，兑水40 kg～50 kg喷雾。
稻蓟马	10%吡虫啉可湿性粉剂	40 g～50 g	苗期	秧田移栽前2 d～3 d，兑水60 kg～70 kg均匀喷雾

11 收获

适时收获是确保麦茬直播稻谷产量、稻米品质和提高出米率的重要措施之一。收获时期偏早，稻谷还未成熟，灌浆不充分，籽粒不饱满，青米率增多，千粒重下降，从而导致产量不高，品质不好；收割时期偏晚，掉粒断穗较多，撒落损失过重，稻谷水分含量下降，加工出米率降低，稻谷的外观品质下降，商品性能降低，丰产不丰收，而且会对下茬作物的种植造成较大影响。

当稻谷的蜡熟末期至完熟初期（含水率在20%～25%）已有85%～90%稻谷籽粒黄熟时，植株大部分叶片由绿变黄，稻穗失绿，穗中部变黄，稻粒饱满，籽粒坚硬并呈黄色，此时为最佳收获时机,抢晴收获,避免产量损失。

沿淮麦茬直播稻生产技术规范明白卡见图1。

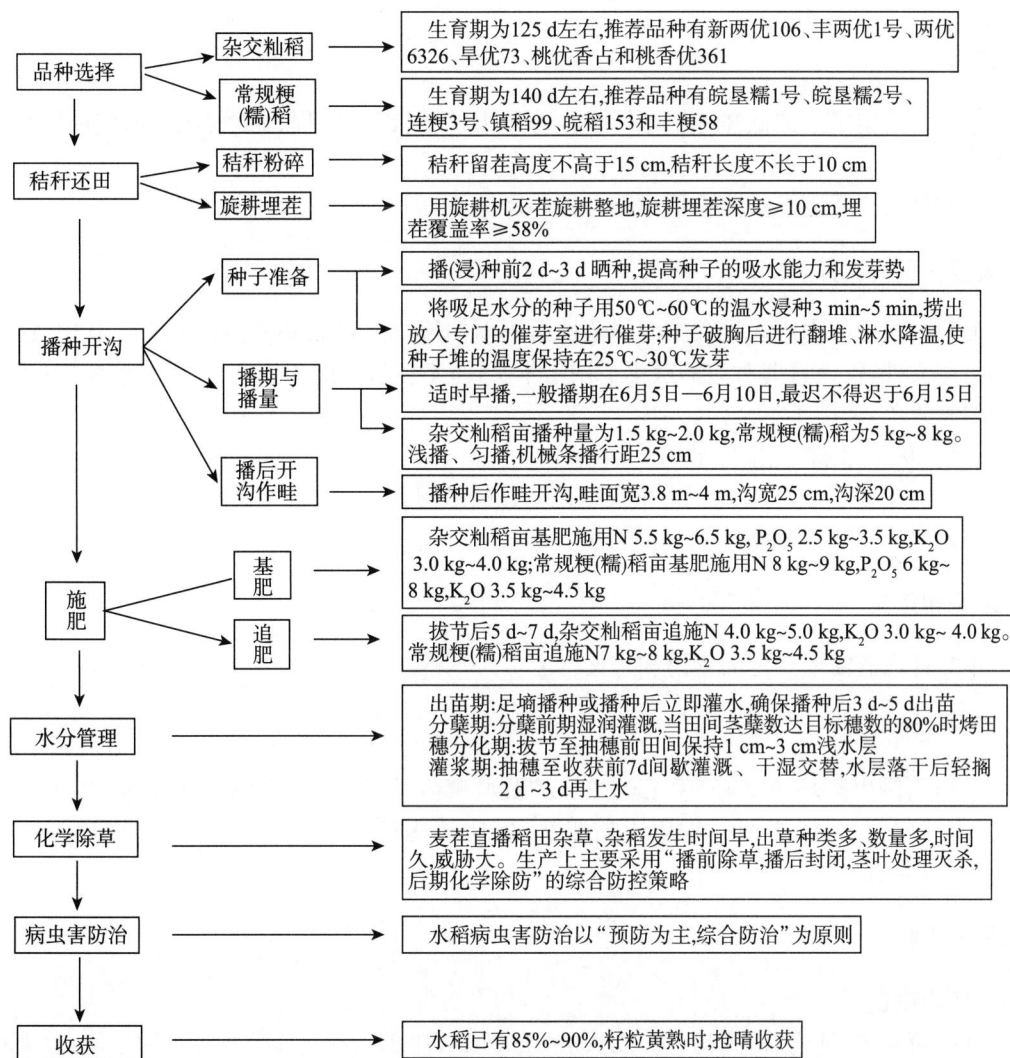

品种选择
→ 杂交籼稻 → 生育期为125 d左右,推荐品种有新两优106、丰两优1号、两优6326、旱优73、桃优香占和桃香优361
→ 常规粳(糯)稻 → 生育期为140 d左右,推荐品种有皖垦糯1号、皖垦糯2号、连粳3号、镇稻99、皖稻153和丰粳58

秸秆还田
→ 秸秆粉碎 → 秸秆留茬高度不高于15 cm,秸秆长度不长于10 cm
→ 旋耕埋茬 → 用旋耕机灭茬旋耕整地,旋耕埋茬深度≥10 cm,埋茬覆盖率≥58%

播种开沟
→ 种子准备 → 播(浸)种前2 d~3 d晒种,提高种子的吸水能力和发芽势
→ 将吸足水分的种子用50℃~60℃的温水浸种3 min~5 min,捞出放入专门的催芽室进行催芽;种子破胸后进行翻堆、淋水降温,使种子堆的温度保持在25℃~30℃发芽
→ 播期与播量 → 适时早播,一般播期在6月5日—6月10日,最迟不得迟于6月15日
→ 杂交籼稻亩播种量为1.5 kg~2.0 kg,常规粳(糯)稻为5 kg~8 kg。浅播、匀播,机械条播行距25 cm
→ 播后开沟作畦 → 播种后作畦开沟,畦面宽3.8 m~4 m,沟宽25 cm,沟深20 cm

施肥
→ 基肥 → 杂交籼稻亩基肥施用N 5.5 kg~6.5 kg,P_2O_5 2.5 kg~3.5 kg,K_2O 3.0 kg~4.0 kg;常规粳(糯)稻亩基肥施用N 8 kg~9 kg,P_2O_5 6 kg~8 kg,K_2O 3.5 kg~4.5 kg
→ 追肥 → 拔节后5 d~7 d,杂交籼稻亩追施N 4.0 kg~5.0 kg,K_2O 3.0 kg~4.0 kg。常规粳(糯)稻亩追施N 7 kg~8 kg,K_2O 3.5 kg~4.5 kg

水分管理 → 出苗期:足墒播种或播种后立即灌水,确保播种后3 d~5 d出苗
分蘖期:分蘖前期湿润灌溉,当田间茎蘖数达目标穗数的80%时烤田
穗分化期:拔节至抽穗前田间保持1 cm~3 cm浅水层
灌浆期:抽穗至收获前7d间歇灌溉、干湿交替,水层落干后轻搁2 d~3 d再上水

化学除草 → 麦茬直播稻田杂草、杂稻发生时间早,出草种类多、数量多,时间久,威胁大。生产上主要采用"播前除草,播后封闭,茎叶处理灭杀,后期化学除防"的综合防控策略

病虫害防治 → 水稻病虫害防治以"预防为主,综合治理"为原则

收获 → 水稻已有85%~90%,籽粒黄熟时,抢晴收获

图1　沿淮麦茬直播稻生产技术规范明白卡

沿淮低洼地稻鳅综合种养操作规程

1 范围

本文件规定了沿淮低洼地稻鳅综合种养稻田环境、田间工程、泥鳅养殖、水稻种植等技术指标。

本文件适用于沿淮低洼地稻鳅综合种养操作。

2 规范性引用文件

下列文件中的内容通过文中的规范性引用而构成本文件必不可少的条款。其中，注日期的引用文件，仅该日期对应的版本适用于本文件；不注日期的引用文件，其最新版本（包括所有的修改单）适用于本文件。

GB 13078　饲料卫生标准

DB 34/T 2338　水稻病虫害全程绿色防控技术规程

DB 34/T 3743　机插水稻基质育秧技术规程

3 术语和定义

本文件没有需要界定的术语和定义。

4 稻田环境

稻田周围生态环境良好、无工业"三废"及城镇生活、医疗废弃物等污染源，要求水源充足、水质良好、排灌方便。稻田土质肥沃，底质结构稳定，保水性好。稻田面积一般以10亩～15亩为宜。

5 田间工程

5.1 环沟改造

开挖暂养沟、环沟、田间沟，宽150 cm～200 cm，深100 cm～150 cm，沟沟相通，总面积不超过稻田总面积的10%，田埂坡宽比为1∶1.25为宜。因地制宜可开挖四面环沟或异形沟，投喂口应留在进出水处或横埂边，便于投喂，有条件的可以用外围沟渠作投喂口，在交通便利的一侧留宽4 m左右的机械作业通道。

5.2 加固田埂

利用挖环沟的泥土加宽、加高、加固田埂，逐层打紧夯实，做到不裂、不漏、不垮，满水时不崩塌，必要时可用水泥护坡，没有护坡硬化的田埂，可用塑料薄膜等围护，将塑料薄膜等埋入泥内0.2 m，并予以固定。改造后的田埂高度应高出田面60 cm～80 cm，底宽120 cm，顶宽80 cm。

5.3 防逃设施

在田埂四周内侧埋设防逃设施，宜采用0.4 mm～0.6 mm(30目～40目)孔径的聚乙

烯网片,高出田埂和进水口 20 cm～30 cm,用木杆或小竹竿或其他材料固定,并埋入土下
40 cm～80 cm,四角呈圆弧形。

5.4　进排水系统

应具备独立的进、排水设施。进水口建在田埂上,离田面 50 cm 高;排水口建在边沟最
低处。稻田进、排水口呈对角位置,进、排水口安装双层防逃网,进水口宜用长 1.5 m 直径
0.3 mm(50 目)网袋,排水口外层宜用 0.4 mm(40 目)孔径聚乙烯网,内层宜用 0.4 mm(40
目)孔径铁丝网做成拦鱼栅。

6　泥鳅养殖

6.1　泥鳅品种选择

选用适应性强、生长快、抗病力强的泥鳅优良品种。苗种来源于具有生产许可证和苗种
检疫合格证的国家级或省级或自繁自育的苗种繁殖场,外购苗种应检疫检验合格。

6.2　投放时间

稻田养鳅多是种植一季稻。一般在插秧后放养鳅种,中稻田在 7 月 1 日前投放,也可以
在 4 月中下旬投苗寄养。

6.3　放养密度

5 cm/尾～6 cm/尾鳅种,放养量为 0.5 万尾/667 m²～1.0 万尾/667 m²;3 cm/尾～
5 cm/尾鳅种,放养量为 1.0 万尾/667 m²～1.5 万尾/667 m²。

6.4　饲料投喂

选择投喂泥鳅专用配合饲料,渔用配合饲料粗蛋白质含量≥30%,其他的饲料应清洁卫
生、未受污染,卫生标准应符合 GB 13078 的规定。配合饲料按泥鳅总重的 2%～3%投喂,
每次投饵以 1 h 吃完为宜。水温高于 30℃或低于 10℃时不投喂。饵料应投放在渔沟内,每
天投喂 2 次,9:00—10:00 和 17:00—18:00 各 1 次,应青、粗、精搭配投喂,坚持定时、定位、
定质、定量的"四定"原则。

6.5　病害防控

坚持以"预防为主,防重于治"的原则。放养前 15 d,每 667 m² 稻田用 20 kg 生石灰消
毒。生产操作工具使用前后用 15 mg/L 高锰酸钾溶液浸泡 15 min 以上,浸泡后用清水冲
洗干净。对稻田出现的老鼠、黄鼠狼、水蜈蚣、蛇类等敌害生物及时清除、驱除。

泥鳅养殖的重点防治病害有车轮虫病、小瓜虫病、细菌性肠炎、打印病、赤皮病和水霉病
等。优先选用"三效"(高效、速效、长效)"三小"(毒性小、副作用小、用量小)的水产专用渔
药、生物源渔药和渔用生物制品。泥鳅常见病害防治方法见附录 A。不应长期使用单一种
类药物防治病害,不同种类药物应更换使用。建立病鳅隔离区,加强观察与镜检,发现病鳅
及时隔离,必要时销毁。

7　水稻种植

7.1　水稻品种选择

选择抗病虫害、抗倒伏、耐肥性强、米质优、可深灌、株型适中的粳稻品种,如镇稻 18、南

粳 5055。

7.2 精确机插

机插秧,壮秧培育操作流程按照 DB 34/T 3743 的规定执行。

秧龄期 30 d 左右,移栽行株距 30 cm。每亩栽插 1.3 万穴~1.4 万穴,栽插深度 2 cm 为宜。

7.3 水分管理

移栽时至返青前,保持田水深度在 5 cm~10 cm;在水稻返青后,稻田水层可加深至 15 cm 左右。

7.4 稻田施肥

插秧前每 667 m² 施复合肥(N：P$_2$O$_5$：K$_2$O＝15：15：15)20 kg~30 kg 作底肥;插秧后 5 d~7 d 每 667 m² 施尿素 7 kg~10 kg 作分蘖肥;拔节后每 667 m² 施尿素 5 kg 左右,不应使用碳酸氢铵等刺激性强的肥料。

7.5 病虫害防治

重点防治稻瘟病、纹枯病、稻曲病、稻纵卷叶螟、稻飞虱和二化螟。以农艺措施防治、物理防治和生物防治为重点,化学防治为辅助,农艺措施防治、物理防治和生物防治方法按 DB34/T 2338 的规定执行。化学防治应选择低毒、高效的生物农药,防治药剂和方法见附录 B。

喷药时,喷头向上对准叶面喷施,不要把药液喷到水面,并采取加高水位降低药物浓度的方法,或采取降低水位只保留浅沟有水的办法,防止农药对泥鳅产生不良影响。喷雾药剂宜在稻叶露水干之后喷施,而喷粉药剂宜在露水干之前喷施。

7.6 稻谷收割

收割前要排水,排水时先将稻田的水位快速地下降到田面上 5 cm~10 cm,然后缓慢排水,最后环沟内水位保持在 50 cm~70 cm,即可收割稻谷。

附 录 A

（资料性）

泥鳅常见病害防治方法

表 A.1 给出了泥鳅常见病害防治方法。

表 A.1　泥鳅常见病害防治方法

病名	主要症状	治疗方法
车轮虫病	摄食减少，离群独游，严重时虫体密布	2％伊维菌素溶液 0.02 mL/m³～0.03 mL/m³，稀释后均匀泼洒；病情严重时配合苦参碱溶液一起使用，苦参碱按 0.4 g/m³ 的浓度使用，用药后注意增氧
小瓜虫病	病鳅在皮肤、鳍、鳃上布满白色孢囊	辣椒粉与生姜加水煮沸，浓度分别 1.1 g/m³～1.5 g/m³ 和 2.2 g/m³～2.5 g/m³ 泼洒，连用 2 d～3 d
细菌性肠炎	病鳅肛门红肿，挤压有黄色黏液溢出，肠内紫红色	在饵料中添加大蒜素按 1.25 g/kg 饵料投喂，连续使用 3 d；每 100 kg 泥鳅，在饵料中添加干粉状的地锦草、马齿苋、辣蓼各 500 g 和食盐 200 g，每天上午、下午各投喂 1 次，连用 3 d
打印病	病灶红肿，多为圆形或椭圆形，主要在鱼体后半部	1 m³ 水体用 2 g/m³～4 g/m³ 的五倍子泼洒，连用 3 d
赤皮病	病鳅的鳍、腹部皮肤及肛门周围充血、溃烂、尾鳍、胸鳍发白腐烂	蟾酥于冷水中搅拌均匀，稀释后均匀泼洒养殖区，浓度为 0.5 g/m³，每 3 d 1 次
水霉病	病鳅体表长有白色或灰白色棉絮状物	水霉净 0.3 mL/m³，稀释后均匀泼洒养殖区，每天 1 次，连续使用 3 次～5 次；20％戊二醛溶液 0.5 mL/m³ 和 20％苯扎溴铵溶液 0.15 mL/m³，稀释后均匀泼洒，每天 1 次，连用 3 d～5 d；800 g/m³ 的食盐和小苏打合剂（1∶1）均匀泼洒，每天 1 次，连用 2 d～3 d

附 录 B

（资料性）

水稻种植常见病虫害防治方法

表 B.1 给出了水稻种植常见病虫害防治方法。

B.1 水稻种植常见病虫害防治方法

病虫害	防治时期	防治药剂及用量 （g/10 000 m² 或 mL/10 000 m²）	用药方法
稻蓟马	秧田卷叶株率 15%，百株虫量 200 头；大田卷叶株率 30%，百株虫量 300 头	吡蚜酮 60 g/10 000 m²～65 g/10 000 m²	喷雾
稻水象甲	百蔸成虫 30 头以上	杀虫双 750 g/10 000 m²	喷雾
褐飞虱	卵孵化高峰至 1 龄～2 龄若虫期	噻嗪酮 112.5 g/10 000 m²～187.5 g/10 000 m²；吡蚜酮 60 g/10 000 m²～75 g/10 000 m²	喷雾
白背飞虱	卵孵化高峰至 1 龄～2 龄若虫期	噻嗪酮 112.5 g/10 000 m²～150 g/10 000 m²	喷雾
稻纵卷叶螟	卵孵化盛期至 2 龄幼虫前	氯虫苯甲酰胺 30 g/10 000 m²；杀虫双或杀虫单 810 g/10 000 m²～1 080 g/10 000 m²；阿维菌素 3 750 mL/10 000 m²～4 500 mL/10 000 m²、苏云金杆菌（8 000 IU/mg）3 750 g/10 000 m²～4 500 g/10 000 m²	喷雾
二化螟、三化螟	卵孵化高峰期	氯虫苯甲酰胺 30 g/10 000 m²；杀虫单 675 g/10 000 m²～945 g/10 000 m²；阿维菌素 3 750 mL/10 000 m²～4 500 mL/10 000 m²、苏云金杆菌（8 000 IU/mg）3 750 g/10 000 m²～4 500 g/10 000 m²	喷雾
秧苗立枯病	水稻秧苗 2 叶～3 叶期	广枯灵 45 mL/10 000 m²～90 mL/10 000 m²；敌克松 875 g/10 000 m²～975 g/10 000 m²	喷雾
稻瘟病	发病初期	三环唑 225 g/10 000 m²～300 g/10 000 m²	喷雾
纹枯病	发病初期	井冈霉素 150 g/10 000 m²～187.5 mL/10 000 m²；苯醚甲环唑·丙环唑 67.5 g/10 000 m²～90 g/10 000 m²	喷雾
稻曲病	破口前 3 d～5 d	苯醚甲环唑·丙环唑 67.5 g/10 000 m²～90 g/10 000 m²	喷雾

附　录　C

（资料性）

沿淮低洼地稻鳅综合种养操作规程明白卡

沿淮低洼地稻鳅综合种养操作规程明白卡见图 C.1。

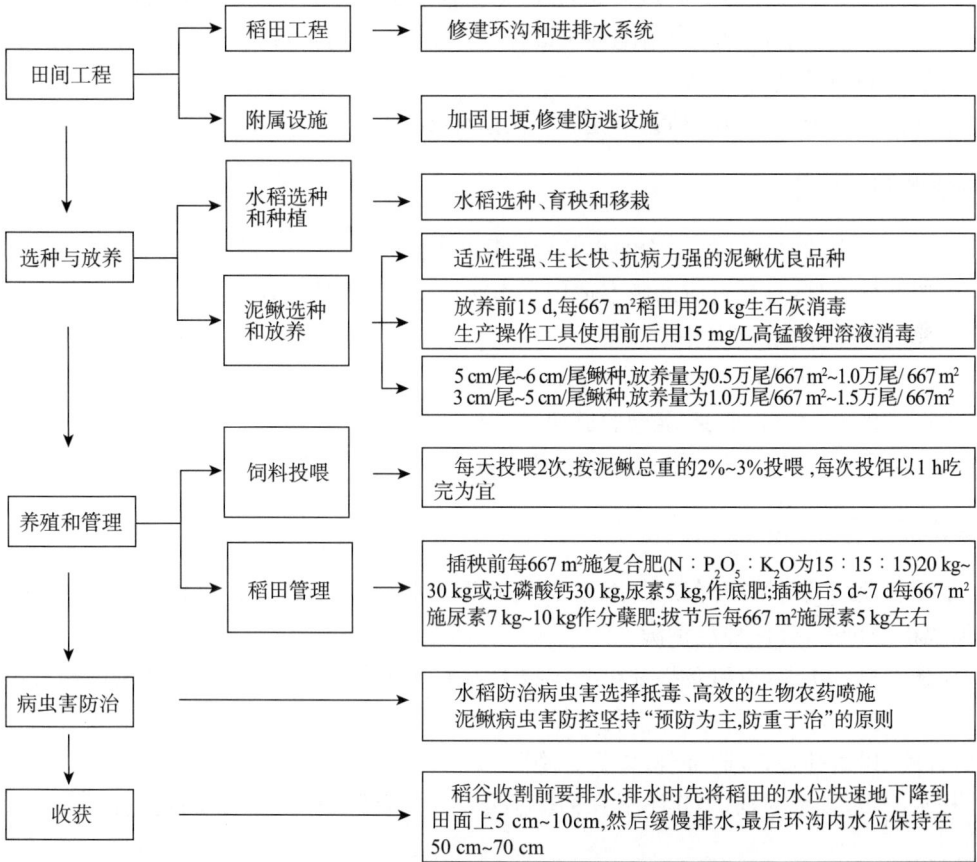

```
┌────────┐    ┌────────┐      ┌──────────────────────────────────┐
│田间工程 │───→│稻田工程 │ ───→ │修建环沟和进排水系统                  │
└────────┘    └────────┘      └──────────────────────────────────┘
     │        ┌────────┐      ┌──────────────────────────────────┐
     │     ───→│附属设施 │ ───→ │加固田埂,修建防逃设施                 │
     ↓        └────────┘      └──────────────────────────────────┘
┌────────┐   ┌──────────┐     ┌──────────────────────────────────┐
│选种与放养│──→│水稻选种  │ ──→ │水稻选种、育秧和移栽                  │
└────────┘   │和种植    │     └──────────────────────────────────┘
             └──────────┘     ┌──────────────────────────────────┐
             ┌──────────┐     │适应性强、生长快、抗病力强的泥鳅优良品种  │
          ──→│泥鳅选种  │ ──→ └──────────────────────────────────┘
             │和放养    │     ┌──────────────────────────────────┐
             └──────────┘     │放养前15 d,每667 m²稻田用20 kg生石灰消毒  │
                              │生产操作工具使用前后用15 mg/L高锰酸钾溶液消毒│
                              └──────────────────────────────────┘
```

图 C.1 所示流程:

田间工程 → 稻田工程 → 修建环沟和进排水系统
田间工程 → 附属设施 → 加固田埂,修建防逃设施

选种与放养 → 水稻选种和种植 → 水稻选种、育秧和移栽
选种与放养 → 泥鳅选种和放养 →
- 适应性强、生长快、抗病力强的泥鳅优良品种
- 放养前15 d,每667 m²稻田用20 kg生石灰消毒 生产操作工具使用前后用15 mg/L高锰酸钾溶液消毒
- 5 cm/尾~6 cm/尾鳅种,放养量为0.5万尾/667 m²~1.0万尾/ 667 m² 3 cm/尾~5 cm/尾鳅种,放养量为1.0万尾/667 m²~1.5万尾/ 667m²

养殖和管理 → 饲料投喂 → 每天投喂2次,按泥鳅总重的2%~3%投喂 ,每次投饵以1 h吃完为宜
养殖和管理 → 稻田管理 → 插秧前每667 m²施复合肥(N∶P₂O₅∶K₂O为15∶15∶15)20 kg~30 kg或过磷酸钙30 kg,尿素5 kg,作底肥;插秧后5 d~7 d每667 m²施尿素7 kg~10 kg作分蘖肥;拔节后每667 m²施尿素5 kg左右

病虫害防治 →
- 水稻防治病虫害选择抵毒、高效的生物农药喷施
- 泥鳅病虫害防控坚持"预防为主,防重于治"的原则

收获 → 稻谷收割前要排水,排水时先将稻田的水位快速地下降到田面上5 cm~10cm,然后缓慢排水,最后环沟内水位保持在50 cm~70 cm

图 C.1　沿淮低洼地稻鳅综合种养操作规程明白卡

江淮地区稻茬小麦抗渍播种技术规范

1 范围

本文件规定了稻茬小麦非适播条件下应变播种技术方案,主要包括清沟降渍、突击抢收、因地抢种、应急播种和配套措施等关键技术,规定了应对江淮地区不良气候特点的机具选择、操作规程和注意事项等。

本文件适用于江淮地区稻茬小麦标准化播种技术。

2 规范性引用文件

下列文件中的内容通过文中的规范性引用而构成本文件必不可少的条款。其中,注日期的引用文件,仅该日期对应的版本适用于本文件;不注日期的引用文件,其最新版本(包括所有的修改单)适用于本文件。

GB/T 8321(所有部分) 农药合理使用准则

NY/T 995 谷物(小麦)联合收获机械 作业质量

DB 34/T 2654 沿江江淮地区水稻茬小麦高产栽培技术规程

3 基本原则

水稻收获前及时清沟降渍排水,确保田间不见明水。及时发布气象预报,抓住降雨间隙,加快小麦抢播,确保种足种满。

加强农机具协调,以机条播和机开沟技术为主,辅助人工撒种撒肥,切实提高播种质量。掌握"宁迟勿烂"原则,根据实际播种时期和作业质量,制定相应的配套栽培管理措施,做到"抢时补晚、以密补晚、以肥补晚、以管补晚"。

积水严重,排水困难,当年不适宜种植小麦的田块,建议种植绿肥或者休耕。

4 技术措施

4.1 品种选择

选用高产、稳产性好、籽粒饱满、发芽势强、适宜晚播的春性或半冬偏春性品种,有效弥补晚播小麦前期因积温少,生长发育慢,分蘖期缩短和成穗少的缺陷,充分利用中期光热条件,发挥穗大粒重的优势。

4.2 机械选择

以轻简、高效为原则,选用适宜的播种机械。

4.2.1 针对水稻已收获田块(秸秆已切碎还田),选用 2BMQF-6/12 型全还田防缠绕免耕施肥播种机,可一次性完成直刀旋耕、秸秆覆盖、施肥、摆种、覆土、镇压等工序;使用 1KJ-35 型圆盘开沟机开沟覆土。

4.2.2 针对水稻未收获田块,选用久保田 4LZ-2.5(PRO688Q)全喂入履带收割机,前部加装 2B-6 型收割机前置播种装置,后部换装 4FH-83 型秸秆切碎抛撒还田机,一次性完成水稻收割(留茬高度 10 cm~15 cm)、小麦摆播、稻草覆盖等 3 道程序;稍晾干后,使用专用平板镇压器镇压;使用 1KJ-35 型圆盘开沟机开沟覆土。

4.2.3 使用 2BFG-10A 型麦稻条播机,一次性完成施肥、浅旋、摆种、覆土、镇压等 5 道工序;使用 1KJ-35 型圆盘开沟机开沟覆土。

4.2.4 稻田套播小麦是腾茬过迟或涝渍灾害时的有效应变高产栽培技术。有效解决连阴雨天气带来的小麦播种作业困难等问题,充分利用冬前的温光资源,实现了小麦生产的节本、省工、简化、高效的目的。

5 管理措施

依据晚播小麦的生育特点,制定配套栽培技术管理措施。

5.1 开沟

及时开挖沟渠,竖塥沟、横塥沟、出水塥沟应逐级加深,达到迅速汇集排除田间积水和耕层滞水。土壤偏干先种麦后开沟、土壤偏湿先开沟后种麦。

5.1.1 田外沟:播种前清理开挖田外沟,田外沟沟深 60 cm~80 cm,底宽 30 cm~40 cm。

5.1.2 田内沟:使用圆盘开沟机开挖田内沟,竖塥沟沟深 20 cm~30 cm,沟距 3m~5m;横塥沟沟深 30 cm~40 cm,沟距 35m~50m;出水塥沟沟深 40 cm~50 cm。

土壤过湿时应降低竖沟沟距 2m~2.5m,提高田内沟开沟密度和深度,增加沟系取土量并均匀抛洒,以增加对畦面覆盖,防止露籽现象。

5.2 清沟理塥

开通沟头,清理沟泥,确保小麦全生育期间沟系通畅。

5.3 播后镇压

塥情适宜时使用专用平板镇压器镇压田面,利于促进全苗、齐苗和保塥防冻。

5.4 化学除草

按照 DB34/T 2654 的规定执行。

5.5 因苗追肥

培育冬前壮苗,确保安全越冬。弱苗田块,每 667 m² 施尿素 4 kg~5 kg。

5.6 化控防倒

对群体较大、有倒伏风险田块在拔节期前用矮壮素类生长调节剂兑水喷雾,防止倒伏。

5.7 追施拔节肥

在拔节期麦苗叶色褪淡时,基部第一节间定长,施用总施氮的 40%~50%、总施磷的 50%、总施钾的 30%~50%。

5.8 病虫防治

以纹枯病为主治对象,兼治其他病虫(麦蜘蛛等),具体用药量可根据药剂有效用量折算。

5.9 一喷三防

小麦抽穗扬花期以赤霉病、穗蚜为主治对象,兼治锈病、白粉病、叶枯病、黏虫等;结合防治病虫,进行药肥混喷,实施根外追肥。具体用药量可根据药剂有效用量折算。

5.10 适时收获

蜡熟末期用全喂入联合收割机进行机械化收割,小麦收割作业质量按照 NY/T 995 的规定执行。

———————————

第三章 稻谷产后收储及适度加工技术规范

粮食产后服务中心建设技术规范

1 范围

本文件规定了颍上国家现代农业产业园粮食产后服务中心建设的术语与定义、选址和总平面布局要求、建设内容、技术要求、人员要求、环保要求、安全要求等范围。

本文件适用于颍上国家现代农业产业园内粮食产后服务中心建设。

2 规范性引用文件

下列文件中的内容通过文中的规范性引用而构成本文件必不可少的条款。其中,注日期的引用文件,仅该日期对应的版本适用于本文件;不注日期的引用文件,其最新版本(包括所有的修改单)适用于本文件。

GB 1350　稻谷

GB 3096　声环境质量标准

GB/T 3797　电气控制设备

GB 7251.1　低压成套开关设备和控制设备　第 1 部分:总则

GB 8978　污水综合排放标准

GB/T 10595　带式输送机

GB 12348　工业企业厂界环境噪声排放标准

GB 13271　锅炉大气污染物排放标准

GB 15630　消防安全标志设置要求

GB 17440　粮食加工、储运系统粉尘防爆安全规程

GB 18599　一般工业固体废弃物污染控制标准

GB/T 24687　微型谷物风选机

GB/T 26893　粮油机械　圆筒初清筛

GB/T 26894　粮油机械　振动清理筛

GB/T 29890　粮油储藏技术规范

GB 50016　建筑设计防火规范

GB 50017　钢结构设计规范

GB 50057 　建筑物防雷设计规范

GB 50140 　建筑灭火器配置设计规范

GB 50322 　粮食钢板筒仓设计规范

JB/T 3926(所有部分) 　垂直斗式提升机

JB/T 6672 　燃煤热风炉

JB/T 10268 　批式循环谷物干燥机

LS/T 1206 　粮食仓库安全操作规程

LS/T 1217 　简易仓囤储粮技术规程

LS/T 3514 　粮食斗式提升机

LS/T 3515 　粮食带式提升机

LS/T 8004 　粮食仓房维修改造技术规程

LS/T 8005 　农户小型粮仓建设标准

NY/T 464 　热风炉质量评价规范

建标 172 　粮食仓库建设标准

3 术语和定义

下列术语和定义适用于本标准。

3.1 粮食产后服务中心

有偿为农户提供代清理、代烘干、代储存、代加工、代销售等服务的专业化经营性机构。

3.2 分散式储粮

一家一户的农户小规模储粮。

3.3 烘干系统生产能力

烘干机日烘干能力为装机容量×2×批次烘干量,年烘干能力为装机容量×50×批次烘干量。

4 选址和总平面布局要求

4.1 距民用建筑≥25 m。

4.2 应避开高压线、地下光缆、电缆、输油输气管道等设施。

4.3 应避免洪水、潮水和内涝威胁。

4.4 应远离污染源及易燃易爆场所。

4.5 总平面规划应由具有相应设计资质的单位设计。

5 建设内容

5.1 主要建设内容

粮食接收设施、快检设施及检验室、清理设施、烘干设施、储存设施、除尘系统、罩棚、加工厂房及设备、信息化技术等。

5.2 建设规模

日烘干能力≥120 t,储存仓容≥1 000 t。

6 技术要求

6.1 设备要求

6.1.1 清理设备

6.1.1.1 大杂清除率≥90%;小杂清除率≥60%。

6.1.1.2 圆筒初清筛、振动清理筛、风选机应分别符合 GB/T 26893、GB/T 26894、GB/T 24687 的规定。

6.1.2 干燥机

6.1.2.1 应选用批式循环谷物干燥机。

6.1.2.2 干燥机使用寿命应>10 年,大修周期应≥3 年。烘干后稻谷整精米率应符合 GB 1350 的要求。

6.1.2.3 批式循环谷物干燥机其他指标应符合 JB/T 10268 的规定。

6.1.2.4 推荐应用智能空气源热泵粮食烘干技术,空气源热泵粮食烘干机应符合 NB/T 10418 的规定,且应搭载智能控制电控柜,烘干过程在线监控,出现故障及时报警,可实现远程控制;可实时监测水分,达到目标水分自动停机;配备在线水分仪,适合水稻、小麦等多种谷物的烘干作业;可选用生物质颗粒、燃油、燃气等多种节能环保热源。应满足以稻麦为烘干对象的低温、低能耗清洁烘干综合生产技术需要:单位降水能耗≤2 000 kJ/kg·H_2O,稳定持续供热无结霜温度 5 ℃,烘干温度 45 ℃以下,尾气排放达标。

6.1.3 热风炉

6.1.3.1 应采用间接式加热模式热风炉。热风温度波动范围、热风炉热效率应符合 NY/T 464 的规定。

6.1.3.2 燃煤热风炉应符合 JB/T 6672 的要求。

6.1.3.3 生物燃料热风炉应采用立式转动排灰炉排或机械传动链条炉排;换热器应为垂直列管换热器。高温段易采用耐热的不锈钢材料制造。应配备安全保护装置。

6.1.4 输送设备

6.1.4.1 斗式提升机

破碎率增值:湿稻谷≤0.15%/次,干稻谷≤0.3%/次,其他指标应符合 LS/T 3514、JB/T 3926(所有部分)的规定。

6.1.4.2 带式输送机

符合 GB/T 10595 和 LS/T 3515 的规定。

6.1.5 缓冲仓(周转仓)

6.1.5.1 应配备有高、低料位器和检修平台、护栏、爬梯、扶手、仓门、闸门。

6.1.5.2 宜配备粮情检测系统、通风系统。

6.1.5.3 宜采用装配式钢板仓。装配式钢板仓设计应符合 GB 50322 的规定。

6.1.6 溜管

6.1.6.1 宜采用镀锌钢板或玻璃制作,厚度>3 mm。

6.1.6.2 应有稳定的支撑结构,应设置维修通廊。

6.1.6.3 角度要求:稻谷≥45°;杂质、灰尘≥60°。

6.1.7 粉尘控制系统

6.1.7.1 应在卸粮坑、清理筛、干燥机排粮口、输送机卸料口和提升机进料口设置吸尘点。

6.1.7.2 应配置充足空间的沉降室,可满足粉尘集中排尘及雾化处理或水幕、喷淋等处理。

6.1.8 检化验设备

6.1.8.1 应配置满足日常运营服务的基本检化验设备。具体配置见附录 A。

6.1.8.2 宜配备重金属快速检测设备。

6.1.9 电气及控制系统

6.1.9.1 电气系统应设有独立的配电箱和照明;应设总等电位连接系统。电源进线处均应设过电压保护。

6.1.9.2 电气设备的防护等级应符合 GB 17440 的规定。

6.1.9.3 电气及控制系统应符合 GB 7251.1、GB/T 3797 的规定。

6.1.10 钢结构工程

6.1.10.1 罩棚宜采用轻型门式刚架结构,结构计算应符合 GB 50017 的规定。

6.1.10.2 当罩棚用于存粮时,地面应设置有防潮层,罩棚地面高于室外地坪 300 mm。

6.1.10.3 支撑设备的钢结构件,应能够承载各种作业的正常荷载、风力及其他荷载所引起的振动。

6.1.10.4 所有钢结构件应进行喷砂除锈表面处理,并进行喷漆或镀锌处理。

6.1.11 农户储粮分散式储粮设施设备

应符合 LS/T 8005 的规定。宜采用彩钢板组合仓、热浸镀锌钢板组合仓。

6.2 低温储存仓房

利用自然低温条件或机械制冷设备,降低仓内储粮温度,并利用仓库围护结构的隔热性能,确保粮食在储藏期间的粮堆温度维持在低温(≤15℃)或准低温(≤20℃)以下。

6.2.1 低温湿谷仓

6.2.1.1 宜配备湿谷仓。

6.2.1.2 仓房建设应符合建标 172 的规定。应配备机械通风系统。

6.2.2 低温储存仓

6.2.2.1 应满足粮食安全储存期不少于 1 年的基本使用要求。仓房建设应符合建标 172 的规定。墙体和屋面保温隔热应符合 GB/T 29890 的规定。

6.2.2.2 应配置机械通风、环流熏蒸、粮情测控等配套设备;宜配置低温储粮系统。

6.2.3 仓房改造

应按 LS/T 8004 的相关要求。涉及结构安全的维修改造应由具有相应资质的单位实施。改造的安全措施应满足现行国家及地方相关规范要求。

6.3 加工设备

应符合国家相关标准。

6.4 信息化技术

6.4.1 宜建立业务管理信息系统、自动化作业系统、仓储视频监控系统、辅助信息系统和信息化基础设施。

6.4.2 应能实现与业务及管理单位的互联互通,逐步实现全程质量追溯。

7 人员要求

7.1 应配备1名及以上安全生产专员。宜配置具有粮油保管员和粮油质量检验员资质的技术人员。

7.2 安全生产专员及相关管理人员均应定期参加设备安全操作、安全防护、紧急救援知识的培训。

8 环保要求

8.1 锅炉烟气中颗粒物、二氧化硫、氮氧化物、汞及其化合物的最高允许排放浓度限制和烟气黑度限制应符合 GB 13271 的规定。

8.2 噪声控制应符合 GB 12348 和 GB 3096 的规定。

8.3 炉渣、废渣等废弃物储存和排放应符合 GB 18599 的规定。

8.4 粉尘控制应符合 GB 17440 的规定。粉尘浓度要求室内≤10 mg/m³,室外≤15 mg/m³。

8.5 废水排放应符合 GB 8978 的规定。

9 安全要求

9.1 应配备消防装置,灭火器配置应符合 GB 50140 的规定。

9.2 应在作业区张贴符合 GB 15630 有关规定的消防安全标志。

9.3 耐火等级和防火间距等其他防火要求应符合 GB 50016 的规定。

9.4 生产作业过程应按《粮油储存安全责任暂行规定》、《粮油安全储存守则》、《粮库安全生产守则》、LS 1206、LS/T 1217 的规定执行。

9.5 建(构)筑物防雷应符合 GB 50057 的规定。

附 录 A

（资料性）

检化验设备基本配置

检化验设备基本配置见表 A.1。

表 A.1 检化验设备基本配置表

序号	仪器设备配置	台(套)数	技术要求
1	粮食扦样器	1	符合 GB 5491
2	粮食分样器	1	符合 GB 5491
3	谷物筛选器	1	—
4	谷物容重器	1	符合 LS/T 3701
5	测水用粉碎机	1	粉碎样品 98％通过孔径 1.0 mm 筛,90％以上通过孔径 0.5 mm 筛,80％以上通过 40 目筛
6	实验室砻谷机	1	脱壳率,1 次达 97％以上,2 次达 100％
7	实验室碾米机	1	碾磨时间不超过 1 min;碎米率≤6.0％
8	快速水分测定仪	1	—
9	烘箱	1	温度控制范围≥250 ℃;温度波动度≤±1.0 ℃;105 ℃下温度均匀性≤±2.0 ℃
10	电子分析天平	2	精确度 0.001 g
11	电子数显台秤	1	—

附 录 B

(资料性)

粮食产后服务中心项目建设验收办法

第一章 总 则

第一条 为做好粮食产后服务中心项目建设工作,切实发挥财政资金效益,制定本办法。

第二条 本办法所称粮食产后服务中心项目,是指在颍上国家现代农业产业园范围内,使用脱贫攻坚与乡村振兴有机衔接资金建立的专业化、经营性、有偿为经营主体和农民提供粮食产后服务的项目。

第二章 验收的依据和条件

第三条 验收的主要依据。

一、项目建设单位报备的《粮食产后服务中心项目建设与运营方案》。

二、《颍上县粮食产后服务中心建设技术规范》《颍上县粮食产后服务中心服务规范》等技术标准。

三、资金落实方案及实际使用情况。

四、竣工决算报告或造价评估报告等。

五、其他相关证明材料。

第四条 验收条件:项目购买的设备、仪器规格、性能、材质、技术指标符合已报备的建设与运营方案内容及相关规定;设备安装调试、空载联动试车(烘干设备36小时实载运行)均符合设计要求,有监理工程师签署的验收意见;有关设备取得管理部门批准使用文件或合格证明;建设单位、设计单位、监理单位及施工单位四方出具了竣工验收报告;项目建立专账,合同、发票等资料齐全完整,已分类整理完毕;有资质的会计师事务所出具了项目竣工决算审计报告;完成了服务中心门头制作、标识悬挂、制度上墙和环境卫生美化整治等工作。

第五条 验收资料包括:

一、建设单位出具的《验收材料真实性承诺书》。

二、建设单位的《项目建设总结报告》,总结报告应包括基本情况、审批情况、建设情况、调试结果、资金落实及使用情况和绩效分析等内容。

三、建设单位的《项目验收申请》。

四、建设单位、设计单位、监理单位和施工单位四方出具的项目竣工验收报告。

五、有资质的会计师事务所出具的项目竣工决算审计报告。

六、分类材料。

(一)土建类。

1. 项目批复与设计审批文件:立项(备案、批复等)、土地、规划、环保等;

2. 工程竣工图、设计文件及有关资料;

3. 施工合同、监理合同等;

4. 材料合格证、测试报告、检验报告等;

5. 设计单位的质量检查报告;

6. 施工单位的施工自评报告和工程质量保修书；

7. 监理单位的工程质量评估报告。

（二）设施设备类。

1. 设备订货合同、发票等；

2. 设备合格证、保修卡、产品技术说明书、使用手册等；

3. 安装调试单位的设备调试报告与实载运行记录等；

4. 管理部门的批准使用文件或合格证明等；

5. 监理单位设施设备检查记录和鉴证等；

七、其他必要的证明材料。

第三章 验收程序和结论

第六条 验收申请。项目建设完成并符合验收基本条件后，项目建设单位备齐验收资料，向县农业农村局、县乡村振兴局、县财政局提出竣工验收申请。

第七条 项目验收。县农业农村局、县乡村振兴局、县财政局联合成立验收小组，逐项目进行验收，并对项目验收承担责任。

一、验收组由相关领域专家（不少于 3 人的单数）组成，对项目逐一进行验收。

二、验收组听取项目建设等单位有关项目建设等工作情况。

三、验收组现场核查项目完成情况，查阅相关文件资料。

四、验收组检查投资完成情况以及各类影像资料。

五、项目建设单位、施工单位及供货商接受验收组的质询。

六、验收组讨论、评议，形成项目《验收意见书》（格式见附件 1），并在项目《验收意见书》上出具验收结论，分合格、整改合格和不合格三种结论。

（一）经验收，项目建设符合已经向县农业农村局、县乡村振兴局、县财政局报备的项目建设与运营方案要求，工作量及投资额与报备建设方案一致，管理制度严格，采购程序规范，工程、设备质量合格的，验收鉴定结论为合格。

（二）经验收，项目建设工程量及投资额基本按计划完成，但存在项目管理有瑕疵等情况的，验收组提出整改意见，待整改完毕后，验收组出具整改合格的验收鉴定结论。

（三）有以下情况之一的，验收鉴定结论为不合格：

1. 项目建设的实施与报备建设方案有较大偏差，如实施的具体项目与报备建设方案不符，工程量及投资额严重偏低等；

2. 项目管理存在重大失误，工程质量严重不达标；

3. 挤占、挪用财政资金，或招标投标及采购过程出现违法违纪现象；

4. 提供虚假验收材料。

七、验收组汇总各项目验收情况，形成验收总结报告。

第八条 整改要求。对于不合格的项目，由县级验收组责成建设单位限期完成整改，并重新进行验收，整改仍未合格的，由县财政部门收回财政补助资金。

第四章 附 则

第九条 本办法由 ************** 负责解释。

附 录 C

粮食产后服务中心服务规范

1 范围

本文件规定了颍上国家现代农业产业园粮食产后服务中心服务规范的术语和定义、总体要求、服务功能要求、服务方式、服务规范要求和服务后粮食质量要求等。

本文件适用于颍上国家现代农业产业园粮食产后服务中心。

2 规范性引用文件

下列文件中的内容通过文中的规范性引用而构成本文件必不可少的条款。其中,注日期的引用文件,仅该日期对应的版本适用于本文件;不注日期的引用文件,其最新版本(包括所有的修改单)适用于本文件。

GB 1350　稻谷

GB/T 1354　大米

GB 5009.3　食品安全国家标准　食品中水分的测定

GB/T 5491　粮食、油料检验　扦样、分样法

GB/T 21015　稻谷干燥技术规范

GB/T 29890　粮油储藏技术规范

LS/T 1205　粮食烘干机操作规程

3 术语和定义

3.1 粮食产后服务中心

一种以"五代"服务为主要服务内容,有偿为农民提供产前、产中、产后服务功能的专业化经营性服务机构。

3.2 "五代"服务

提供代清理、代干燥、代储存、代加工和代销售等5个方面的服务。

3.3 一规定两守则

国家粮食和物资储备局编制的《粮油安全储存守则》《粮库安全生产守则》《粮油储存安全责任暂行规定》。

4 总体要求

4.1 合法服务

遵守国家法律、法规,依法办理相关证照,不超范围经营,以合同形式明确与农户双方的权利和义务,明确粮权、明晰责任,维护双方的合法权益。

4.2 规范服务

具有开展相关服务所需的场地、人才、设备,严格按照国家相关法律法规和标准开展计

量、运输、清理、干燥、质检、仓储、加工等服务。

4.3 诚信服务

公布服务承诺、服务项目、服务范围、服务程序、收费标准、收费依据以及监督投诉电话，主动接受社会和相关部门监督。

4.4 优质服务

坚持"为种粮农民服务"的根本宗旨，贯彻"优质、方便、规范、安全"的服务方针，提高服务质量，规范服务行为，拓展服务范围，主动开展提前预约、上门等便民服务，方便农民售粮，保证服务质量，真心实意为农民服务。

4.5 有偿服务

自主经营，自负盈亏，遵循合理服务收费原则，不得利用各种方式和手段变相扩大收费范围或提高收费标准。

4.6 绿色服务

坚持绿色、低碳、循环发展理念。大力推广绿色生态储粮新技术，应用节能减排新装备，粉尘、噪声、"三废"排放达到当地的环保要求。

5 服务功能要求

5.1 应开展代清理、代干燥、代储存等基本服务，有条件的宜开展代加工、代销售、代发展订单生产等服务。

5.2 应提供粮食计量、快检、清理、干燥等基本服务，提高粮食保质能力。

5.3 应配备经培训合格的粮食产后服务专业技术人员，帮助农户提高粮食收储技术水平。

5.4 应配备"互联网＋粮食"所需的基本设备，可链接安徽省智能粮食管理系统和国家粮食电子交易平台等服务功能。

5.5 应提供分等定级、分仓储存、分类加工服务。

5.6 应具备代运输、代装卸功能，在偏远、交通不便和经济欠发达地区，宜配备收粮运输工具，开展上门收粮业务。

5.7 应依法依规协助服务主体开展助农贷款服务。

6 服务方式

6.1 常规服务

为送粮上门的农户提供"五代"等服务。

6.2 上门预约服务

开展上门验质、预约烘干、代运输、代装卸以及收购、帮助联系销售等服务。

6.3 订单服务

与种粮农民、合作社等签定订单生产协议，开展粮食产前、产中和产后服务，包括统一提供种子、农药、化肥、技术、生产管理、粮食收割和"五代"服务，建立"粮食产后服务中心＋合作社""粮食产后服务中心＋农民"等多种服务模式。

6.4　信息技术服务

按照国家粮食生产、收购政策,定期向农户发布粮油质量信息,市场粮油价格信息;向分散式农户提供科学储粮技术服务;开展节粮减损和科学膳食等科普宣传。

6.5　电商平台

对有农民售粮和企业采购需求的,利用安徽省智能粮食管理系统和国家粮食电子交易平台,及时提供供需双方仓单等信息。

6.6　金融服务

依法依规开展助农贷款。

6.7　产业服务

联合科研院所、高校、质检机构、加工企业、收储企业、粮机企业等共建,组建优质稻谷产业联盟和专业合作社。

7　服务规范要求

7.1　计量服务

7.1.1　明示计量流程,提供经计量部门认可的检斤服务。

7.1.2　定期对计量设备进行检定,明示设备检定合格证书。

7.1.3　明示计量人员个人信息和管理部门监督举报电话。

7.2　快检服务

7.2.1　应具备单独的检化验室、检测设备及具有相应资质的技术人员。

7.2.2　扦样、分样应按 GB/T 5491 的规定执行。粮食检验应按粮食检测指标相应检验方法标准执行。

7.2.3　检测结果如有争议,应委托具有相关资质的第三方检测机构进行检测。

7.3　收获及运输服务

宜通过签定协议,组织社会力量对有需求的农户开展代收获、代运输等服务。

7.4　清理整理服务

7.4.1　应与客户签定清理整理服务协议书,明确数量、清理损耗率、清理效果和服务费用。

7.4.2　根据粮食干湿程度和杂质类型等调整筛网配备,确保产量和初清效果,满足后续烘干作业的含杂要求。

7.4.3　对大小杂、轻杂的清理要满足净粮储存要求,保证入仓粮食含杂≤1%。

7.5　烘干服务

7.5.1　操作和管理人员上岗前,应进行干燥技术规范和操作规程培训。

7.5.2　应与客户签定烘干服务协议书,明确数量、烘干后水分、烘干损耗、烘干后粮食品质和服务费用。

7.5.3　根据 LS/T 1205 的规定,制定《粮食烘干业务操作规程》和《粮食烘干业务管理规范》,明确责任人、工作内容和标准,制定烘干作业记录制度、机械安全管理制度、交接班制度和外包工安全管理制度等。

7.5.4 应按 GB/T 21015 的规定开展稻谷烘干作业。烘干作业期间稻谷受热温度应≤40 ℃。

7.6 储存服务

7.6.1 应与客户签定储存服务协议书,明确粮食数量、储存品种、储存时间、储存技术以及储存到期后粮食的水分、品质、损耗和服务费用。

7.6.2 粮食储存保管应参照《粮油仓储管理办法》的有关规定执行。提供用于储存粮食的仓房应符合 GB/T 29890 的规定,提供安全储粮必要的测温、通风、熏蒸、气调等设施,宜采用低温(≤15℃)或准低温(≤20℃)储粮技术。

7.6.3 粮食水分检测按 GB 5009.3 的规定执行,粮食储存自然损耗率按半年以内≤0.1%;半年至 1 年以内≤0.15%;储存 1 年以上的≤0.2%计算。

7.6.4 进出仓作业及仓储保管作业应按"一规定两守则"的相关要求执行。

7.6.5 根据客户需求,可提供第三方保险服务。

7.7 加工服务

开展加工服务前应与客户签定加工服务协议书,明确粮食数量与品种、加工等级、加工精度、副产品处理方式、服务价格。

7.8 销售及信息服务

7.8.1 提供国家粮食生产、收购政策,定期向农户发布粮食质量信息,市场粮食价格信息和市场需求信息。

7.8.2 通过农户委托,组织和提供挂单、摘单交易服务。

7.8.3 注重品牌建设和宣传,有条件的宜加入区域品牌联盟。

8 金融服务

开展助农贷款业务应向有关部门申请,经许可后方可开展相关服务。

9 服务后粮食质量要求

除与农户有特殊约定外,清理和烘干后的稻谷应符合 GB 1350 的规定;加工后的大米应符合 GB 1354 的规定。

稻米健康加工及物流保鲜技术规范

1 范围

本标准规定了稻米加工质量要求的生产企业的基本条件、加工卫生控制要点、生产过程监控、人员要求、质量管理、成品包装、标识及储运。

2 规范性引用文件

下列文件中的内容通过文中的规范性引用而构成本文件必不可少的条款。其中,注日期的引用文件,仅该日期对应的版本适用于本文件;不注日期的引用文件,其最新版本(包括所有的修改单)适用于本文件。

GB 1350 稻谷

GB 7718 预包装食品标签通则

GB/T 1354 大米

GB/T 17109 粮食销售包装

GB/T 18810 糙米

GB/T 20569 稻谷储存品质判定规则

GB/T 26630 大米加工企业良好操作规范

NY/T 5190 稻米加工技术规范

T/SYWLXH 0009 大米包装与储存运输规范

3 术语和定义

下列术语和定义适用于本文件。

3.1 稻米健康加工及物流保鲜 rice healthy processing and logistics preservation

以稻谷为原料生产大米的加工过程及运输储藏保鲜的过程。

4 分类

稻米健康加工包括有机大米、无公害大米、绿色大米和米粉等。

5 要求

5.1 原料要求

5.1.1 采购

采购的稻谷质量应符合 GB 1350 的规定。

5.1.2 运输

5.1.2.1 运输工具应备有防雨、雪等措施。

5.1.2.2 运输作业应防止污染,不得与有毒、有害物品同时装运。

5.2 生产设施

5.2.1 厂区环境卫生

稻米加工企业应建在交通方便、水源充足，远离粉尘、烟雾、有害气体及污染源的地区。厂区内的环境卫生应符合表1的规定。

表 1 厂区环境卫生要求

序号	项目	要求
1	道路	主要道路以及进入厂区的道路(混凝土或沥青路面)应平坦、无积水，适于车辆通行
2	绿化及排水	应进行合理绿化，保持环境整洁，具有良好的排水系统
3	卫生设施	厕所应远离生产车间，原粮以及成品库 应设有与职工人数相适应的淋浴室 卫生间落实卫生责任制
4	垃圾处理	垃圾应该集中存放，远离生产车间、原粮和成品库 垃圾应定期清理出厂，并对垃圾存放处随时消毒
5	鼠患	应无虫鼠患，灭鼠不得使用药剂
6	禁养	禁止饲养家禽、家畜及其他动物

5.2.2 生产车间卫生

生产车间卫生应符合表2的规定。

表 2 生产车间卫生要求

序号	项目	要求
1	地面	应平整、干净、干燥
2	内墙及天花板	需采用无毒、防水、不易脱落的装饰材料
3	门窗	应完整、紧密，并且具有防蝇、防虫鼠功能
4	通风设备	应有通风、散热的设备，防止粉尘污染
5	生产设备	润滑油不得滴漏在车间地面 应定期清理设备中的滞留物料，防止霉变
6	更衣室	应与生产车间相连，工作人员配备单独更衣柜

5.2.3 工作人员健康及卫生

个人健康及卫生应符合表3的规定。

表 3 个人健康及卫生要求

序号	项目	要求
1	卫生教育	企业应对职工进行卫生教育，职工通过卫生知识考核才可上岗操作
2	健康检查	新职工应取得健康合格证后上岗 老职工每年应进行1次健康检查，对不合格者进行调离
3	健康状况	凡患有消化道传染病、肝炎、活动性肺结核、化脓性或渗出性皮肤病以及其他有碍食品卫生的疾病人员，不得进入厂区

表3（续）

序号	项目	要求
4	个人卫生	工作人员进入车间应穿戴工作服、工作鞋帽,并且保持干净整洁 生产人员在上班之前以及班中便后应用消毒液洗手 生产人员不得留有长指甲以及涂抹指甲油 车间内部禁止吸烟、随地吐痰、乱扔杂物、摆放与生产无关的杂物

5.2.4　运输

5.2.4.1　稻谷加工设备中与被加工原料直接接触的零部件材料应选用无污染材料。

5.2.4.2　稻谷加工机械设备与被加工原料接触部位不允许有渗油、漏油故障。筛片、碾米室、抛光室、色选机通道不允许有油漆或者油污。

6　稻米生产过程的监控

6.1　工艺要求

6.1.1　所采用的加工工艺应能确保产品质量稳定。

6.1.2　加工中的具体工艺要求见表4。

表4　工艺要求

序号	项目	要求			备注
1	清粮	含杂率,%	≤0.3		
2	砻谷	脱壳率,%	早籼	晚籼	晚粳	加工稻米符合 GB 1350 中三等以上的规定
			≥75	≥78	≥80	
		糙碎率,%	≤8	≤6	≤4	
		谷糙混合物中含稻壳率,%	≤1			
		胶辊材料	无毒			
		胶耗,kg稻谷/g胶	≥25			
3	谷糙分离	净糙中稻谷含量,粒/kg	≤30			
4	碾米	总碎米率,%	早籼	晚籼	晚粳	加工稻米符合 GB 1350 中三等以上的规定
			≤39	≤30	≤20	
		大米中含谷量,粒/kg	≤10	≤10	≤8	
		大米中含糠粉率,%	≤0.15			
		增碎率,%	≤14			
5	白米分级	特级米含碎率,%	≤4.5			
6	抛光	增碎率,%	≤2			—
		含水率,%	籼米		粳米	
			≤14.5		≤15.5	
		含糠粉率,%	≤0.1			
		抛光剂(水)	应符合 GB 5749 的规定			
		成品温升,℃	≤14			

表4(续)

序号	项目	要求	备注
7	色选	色选精度,%	≥99.9	用色选机经2次或2次以上色选,将不完善粒、黄粒米及其他杂物清除

6.2 检验控制

6.2.1 应有适应的化验室和检验设备。

6.2.2 检验人员应对原料进厂、加工直至成品出厂全过程进行监督检查、重点做好原料验收、半成品检验和成品检验工作。

6.3 记录控制

6.3.1 各项检验控制应有原始记录。

6.3.2 各项原始记录按照规定保存。

6.3.3 原始记录格式规范、字迹清晰。

7 质量管理

稻米加工企业的质量管理应符合表5的规定。

表5 加工企业的质量管理

序号	项目	要求
1	管理制度	企业应制定质量方针,并张贴在厂区内明显处 各个岗位应有完善的管理制度 从原粮购入到成品米出厂的质量管理制度 对各项制度应保证运行有效
2	档案及记录	人员健康档案 人员培训档案 设备档案 原粮及成品米档案 原粮产地环境条件和生产技术档案 生产车间的交接班记录 检验(化验)室计量器具档案和使用记录 检验报告及记录
3	检验控制	有适应的检验(化验)室和检验设备 原粮的检验 成品米加工质量的检验 对成品米卫生指标的检验应由省级以上认可的检验机构承担
4	制度实施检查	企业每年应评审管理制度实施情况 对生产车间每3个月进行1次制度实施检查 对成品库每月进行1次制度实施检查 在原粮购入旺季每周进行1次原粮购入制度检查 以上的检查应有记录并存档

表 5（续）

序号	项目	要求
5	原粮产地和成品米售后服务	企业定期到原粮产地了解情况,应包括农药使用、化肥使用、灌溉水等 企业应走访市场,反馈消费者对质量状况意见 各项活动应有记录并存档

8 成品质量

8.1 成品米的加工质量管理

成品米的加工质量应符合表 6 的规定。

表 6 成品米的加工质量管理

项目	指标	
	粳米	籼米
水分,%	≤15.5	≤14.5
杂质,%	≤0.3	≤0.3
不完善粒,%	≤5.0	≤5.0
黄粒米,%	≤0.5	≤0.5
色泽、气味、口味	正常	正常

8.2 成品米的卫生指标

成品米的卫生指标应符合表 7 的规定。

表 7 成品米的卫生指标

序号	项目	指标,mg/kg
1	无机砷(以 As 计)	≤0.15
2	铅(Pb)	≤0.2
3	镉(Cd)	≤0.2
4	杀螟硫磷(fenitrothion)	≤1
5	三唑磷(triazoophos)	≤0.05
6	乐果(dimethoate)	≤0.05
7	毒死蜱(chlorpyrifos)	≤0.1
8	草甘膦(glyhosate)	≤0.1
9	丁草胺(butachlor)	≤0.5
10	杀虫双(bisultap)	≤0.2
11	噻嗪酮(buprofezin)	≤0.3
12	磷化物(phosphide)	≤0.05
13	黄曲霉毒素 B_1	≤0.014
注:其他有毒有害物质的限量应符合国家有关的法律法规、行政规范和强制性标准的规定。		

9 包装、标识

9.1 包装

9.1.1 加工后成品米须降温至 30 ℃以下（含 30 ℃）或不高于室温 7 ℃（含 7 ℃）才能包装，利于储藏。

9.1.2 包装大米的器具应专用，不得污染。

9.1.3 打包间的落地米不得直接包装出厂。

9.1.4 包装袋口应缝牢固，以防撒漏。

9.1.5 出厂产品应附有厂检验部门签发的合格证，合格证应使用无毒材质制成。

9.2 标识

9.2.1 包装器具表面图案、文字的印刷应清晰、端正、不褪色。

9.2.2 销售大米的包装标识应标注以下内容：

    a) 净含量；

    b) 品名、执行标准号、质量等级；

    c) 生产者（或销售者）名称、地址、商标、邮政编码；

    d) 生产日期、保质期；

    e) 存放注意事项及专用大米（如免淘洗米）的食用方法说明；

    f) 特殊说明、条件码及必要的防伪标识。

10 储藏及物流运输

10.1 低温储藏

10.1.1 低温储藏要求

    a) 储藏期超过 1 个月时，宜采用低温储藏；

    b) 使用冷藏间进行低温储藏时，冷藏间内部温度应保持在 15℃左右，内部相对湿度宜保持在 70%左右，糙米或大米可保持半年以上品质指标基本不变；

    c) 散装低温储藏时，宜快速降温至 25℃左右，利用低温储藏设施，12 d 左右缓慢降温至 15℃左右、相对湿度保持在 70%左右后长期储藏；

    d) 凡是长期储藏的糙米或大米，水分含量应低于 13.5%，采用低温储藏，糙米或大米的水分含量可控制在 14.5%左右；

    e) 真空密闭包装的糙米或大米，可在室温下储藏半年。

10.1.2 堆码分级

    a) 不同品种、不同等级的糙米、大米应按 GB/T 1354、GB/T 18810 的规定分等、分级进行标识并分类存放；

    b) 糙米、大米包装存放时，要码放整齐，离墙、离地、离顶放置，并挂牌醒目标识；

    c) 包装糙米、大米应在清洁、干燥、防雨、防潮、防虫、防鼠、无异味的合格仓库单独存放，不得与有毒有害物质、水分较高的物质、有异味的物质混存；

    d) 糙米、大米粮温相差 5 ℃以上的应分堆储藏。

10.1.3　质量要求

糙米或大米低温储藏时应按照表8的要求每2周检测1次,低温储藏时应每2周检测1次品质指标,并做好记录。糙米或大米进入流通前品质应符合表8的规定。糙米或大米相关指标接近表8要求时宜尽快销售。取样方法按照国家食品安全监督抽检实施细则中的规定执行。

表8　糙米和大米品质指标及检测方法

项　目		要　求	检验方法
色泽、气味		具有正常的色泽、气味	GB/T 20569
水分含量,%	糙米	≤14.0(籼糙米),≤15.0(粳糙米)	GB 5009.3
	大米	≤14.5(籼米),≤15.5(粳米)	
垩白度,%		≤8.0(籼米),≤6.0(粳米)	NY/T 2334
黄粒米含量,%		≤1.0	GB/T 35881
大米新鲜度,分		≥85	LS/T 6118
品尝评分值,分		≥70	GB/T 15682
脂肪酸值(KOH/干基),mg/100 g	糙米	≤30	GB/T 20569
	大米	≤25	

10.2　物流运输

10.2.1　低温储藏要求

10.2.1.1　可采用冷藏、气调包装、真空包装等方式进行糙米或大米的运输。

10.2.1.2　常用包装宜采用塑封无湿交换的材料。

10.2.1.3　应根据运输季节、运输距离、运输数量、运输时长选择合适的运输工具。

10.2.2　流通技术要求

10.2.2.1　冷藏运输宜保持糙米或大米的流通过程处于温度低于15 ℃、相对湿度约75%的环境中。

10.2.2.2　包装流通

　　a)　包装应符合 GB/T 17109 的规定。

　　b)　包装所使用的袋装类必须采用新品或原始用于粮食包装,用于工业及化学原料等带有异味、易污染的包装物禁止使用。

　　c)　若采用包装袋,则包装袋应坚固结实,封口或者缝口应严密,不得破损、泄漏。

　　d)　包装的标签标识应符合 GB 7718 的规定。

　　e)　非零售包装产品应在包装或随行文件上标示下列内容:产品名称及产品标准号;净含量;企业名称、地址,消费者服务专线或生产企业的电话号码;保质期、采用的印刷方式,不得以加贴标签方式注明;以明码或暗码表示生产批号;其他经有关部门规定的标示项目。

10.2.3　装运要求

　　a)　装运前应检查运输车辆有无污染及锋利凸出物体,以防损毁或污染包装。应使用符合卫生要求的运输工具和容器运送,禁止使用装运过农用化学投入品或有异味的车体。火车等运输工具的四周和底面应有铺垫。

b) 装运时应注意天气情况,没有防护措施时,不允许在雨雪天作业,以防止水湿及受潮。

c) 冷藏的散装糙米一次全部出库时,应提前停止制冷机组,可以将糙米移至缓苏间后出库;在装运低温储藏的包装糙米、大米时,应先将其搬至阴凉、干燥、清洁处,至温度接近平衡后再装运,对于糙米、大米表面的结露应采取自然通风、机械除湿或吸潮剂等措施消除。

d) 糙米、大米需要混批装运的,应在装运记录中做出说明。

e) 水路运输的糙米或大米,应在盛装容器内壁牢固加贴适量的纸板和包装完好的干燥剂等,防止表层糙米、大米被阳光直射后,因温差产生结露现象或受潮产生霉变。

f) 不得混合装运,避免污染其他货物。

g) 运输过程中应注意防止雨淋和被污染。

10.2.4　质量要求

a) 接货单位接收到货物后,应对到货糙米或大米按要求检测品质、数量、重量、包装及食品安全、虫害、货证等项目。验收符合要求的,出具到货验收合格单。

b) 糙米或大米品质应符合 GB/T 18810、GB/T 1354 的规定。

稻米加工副产物高效增值利用技术规范

1　范围

本文件规定了稻米加工副产物的定义、分类、要求、检验方法、检验规则、包装、运输和储存。

本文件适用于在稻米加工过程中产生的碎米、米糠、稻壳等副产物的高效增值利用。

2　规范性引用文件

下列文件中的内容通过文中的规范性引用而构成本文件必不可少的条款。其中,注日期的引用文件,仅该日期对应的版本适用于本文件;不注日期的引用文件,其最新版本(包括所有的修改单)适用于本文件。

GB/T 191　包装储运图示标志

GB/T 1354　大米

GB 2760　食品安全国家标准　食品添加剂使用标准

GB/T 4789.2　食品卫生微生物学检验　菌落总数测定

GB/T 4789.3　食品卫生微生物学检验　大肠菌群测定

GB/T 4789.4　食品卫生微生物学检验　沙门氏菌测定

GB/T 4789.5　食品卫生微生物学检验　志贺氏菌测定

GB/T 4789.10　食品卫生微生物学检验　金黄色葡萄球菌测定

GB/T 4789.15　食品卫生微生物学检验　霉菌测定

GB 5009.3　食品安全国家标准　食品中水分的测定

GB 5009.4　食品安全国家标准　食品中灰分的测定

GB 5009.5　食品安全国家标准　食品中蛋白质的测定

GB 5009.6　食品安全国家标准　食品中脂肪的测定

GB 5009.11　食品安全国家标准　食品中总砷的测定

GB 5009.12　食品安全国家标准　食品中铅的测定

GB 5009.239　食品安全国家标准　食品酸度的测定

GB/T 6388　运输包装收发货标志

GB/T 6433　饲料中粗脂肪的测定

GB/T 6438　饲料中粗灰分的测定

GB 7718　食品安全国家标准预包装食品标签通则

GB 9683　复合食品包装袋卫生标准

GB 14881　食品安全国家标准食品生产通用卫生规范

GB/T 18246　饲料中氨基酸的测定

GB/T 19112　米糠油

GB/T 22427.5　淀粉细度测定

GB/T 22427.7　淀粉黏度测定

GB/T 22427.13　淀粉及其衍生物二氧化硫含量的测定

3　术语和定义

下列术语和定义适用于本文件。

3.1　稻米加工副产物　rice processing by-products

以稻谷为原料生产大米的加工过程中产生的副产物。

4　分类

稻米加工副产物的增值利用包括提取碎米中的大米淀粉和大米蛋白、以压榨法或浸出法制备米糠油和米糠粕、使用稻壳进行酿酒等。

5　要求

5.1　原辅料的选择

采用的原料大米应符合 GB/T 1354 的规定；若采用碎米,除颗粒度这一标准外,其余指标也应符合 GB/T 1354 规定。

5.2　感官要求

感官应符合表1的规定。

表 1　感官指标

序号	指标
色泽	大米淀粉:均匀白色 大米蛋白:米黄色或淡黄色粉末状,色泽均匀一致 米糠油:按 GB/T 19112 中的规定执行
组织形态	大米淀粉:均匀自然的松散粉末 大米蛋白:无结块;无发酵、霉变、结块 米糠油:按 GB/T 19112 中的规定执行
气味	大米淀粉:具有大米淀粉应有的气味 大米蛋白:无异味 米糠油:按 GB/T 19112 中的规定执行
杂质	肉眼下无可见的异物

5.3　理化指标

大米淀粉理化指标应符合表2的规定

表 2　大米淀粉理化指标

项目	指标
蛋白质(以干基计,N×5.95),%	≤0.5
水分,%	≤14

表2(续)

项目	指标
灰分,%	≤0.3
脂肪,%	≤0.3
细度(10目筛通过率质量分数),%	≥99.5
黏度[8%(干基)700 cmg],BU	≥700
铅,mg/kg	≤1.0
总砷,mg/kg	≤0.5
二氧化硫,mg/kg	≤15
酸度(干基),°T	≤1.5

大米蛋白理化指标应符合表3的规定。

表3　大米蛋白理化指标

项目	Ⅰ级	Ⅱ级
粗蛋白,%	≥65.0	≥60.0
粗纤维,%	≤5.0	≤7.0
粗脂肪,%	≥5.0	≥5.0
粗灰分,%	≤5.0	≤5.0
水分,%	≤9.0	≤10.0
氨基酸占粗蛋白比例,%	≥88.0	≥87.0

米糠油理化指标应符合表4的规定。

表4　米糠油理化指标

项目	质量指标
谷维素含量,%	≥0.10
植物甾醇含量,%	≥0.50
冷冻试验(0℃储藏24 h)	澄清透明
酸价(KOH),mg/g	按GB/T 19112中的规定执行
过氧化值,g/100 g	按GB/T 19112中的规定执行
溶剂残留,g/kg	按GB/T 19112中的规定执行
色泽	按GB/T 19112中的规定执行
透明度(20℃)	按GB/T 19112中的规定执行
气味、滋味	按GB/T 19112中的规定执行
水分及挥发物	按GB/T 19112中的规定执行
不溶性杂质	按GB/T 19112中的规定执行
烟点	按GB/T 19112中的规定执行

5.4 微生物指标

微生物指标应符合表 5 的规定。

表 5　微生物指标

项目	指标
菌落总数	≤10 000
大肠菌群	≤70
霉菌	≤100
致病菌(沙门氏菌、志贺氏菌、金黄色葡萄球菌)	不得检出

5.5 食品添加剂

食品添加剂的质量应符合相应的标准和有关规定,食品添加剂的品种和使用量应符合 GB 2760 的规定。

5.6 生产加工过程卫生要求

生产加工过程卫生应符合 GB 14881 的规定。

5.7 试验方法

5.7.1 水分

按 GB/T 5009.3 的规定执行。

5.7.2 灰分

按 GB/T 5009.4 的规定执行。

5.7.3 蛋白质

按 GB/T 5009.5 的规定执行。

5.7.4 脂肪

按 GB/T 5009.6 的规定执行。

5.7.5 总砷

按 GB/T 5009.11 的规定执行。

5.7.6 铅

按 GB/T 5009.12 的规定执行。

5.7.7 细度

按 GB/T 22427.5 的规定执行。

5.7.8 黏度

按 GB/T 22427.7 的规定执行。

5.7.9 酸度

按 GB/T 22427.9 的规定执行。

5.7.10 二氧化硫

按 GB/T 22427.13 的规定执行。

5.7.11　粗脂肪含量

按 GB/T 6433 的规定执行。

5.7.12　粗灰分含量

按 GB/T 6438 的规定执行。

5.7.13　氨基酸含量

按 GB/T 18246、GB/T 15399、GB/T 5009.124 的规定执行。

5.7.14　谷维素含量检验

按 LS/T 6121.2 的规定执行。

5.7.15　植物甾醇含量检验

按 GB/T 25223 的规定执行。

5.7.16　菌落总数的测定

按 GB/T 4789.2 的规定执行。

5.7.17　大肠菌群和霉菌的测定

按 GB/T 4789.3 和 GB/T 4789.15 的规定执行。

5.7.18　致病菌(沙门氏菌、志贺式菌、金黄色葡萄球菌)

按 GB/T 4789.4 和 GB/T 4789.5 和 GB/T 4789.10 的规定执行。

6　检验规则

6.1　组批规则

同一品种、同一规格、同一等级、同一生产工艺、同一批次原料生产的产品为同一批号产品。

6.2　抽样方法

每批产品随机抽取 2 kg,分成 2 份。其中,1 份送检,1 份留样。

6.3　出场检验

成品出厂前须经工厂检验部门逐批检验本标准所规定的所有项目,检验合格后出具合格证方可出厂。出厂检验项目包括感官、水分、蛋白质、灰分、菌落总数、大肠菌群、霉菌、致病菌含量。

6.4　型式检验

一般半年进行 1 次,型式检验项目包括本标准的全部项目,发生下列情况之一时也应进行型式检验。

    a)　新产品或老产品投产、转产生产的试制定型鉴定;

    b)　更换设备或生产工艺有较大改变时;

    c)　出厂检验结果与上次型式检验结果有较大差异时;

    d)　停产半年以上,恢复生产时;

    e)　国家质量技术监督部门提出进行型式检验的要求时。

6.5　判定规则

检验结果中微生物指标若有不合格时,判定该批产品不合格;其余指标若有不合格时,应在同批产品中加倍抽样复检,并以复检结果为准。

7 标志

7.1 产品标签
产品标签应符合 GB 7718 的规定。

7.2 包装标志
包装标志应符合 GB/T 191 和 GB/T 6388 的规定。

8 包装、运输和储存

8.1 包装
包装材料应符合 GB 9683 的规定和食品卫生要求达到食品卫生要求,必须无毒、无味、无污染、牢固、干燥、不会影响产品品质。不同品种、不同规格、不同等级的产品应分别包装。

8.2 运输
运输车辆应该清洁、卫生、无污染,备有防雨、防晒、防潮、防尘设施。装卸时轻放轻卸,不得与有毒、有害、有腐蚀性、易发霉、发潮、有异味的物品混装运输。

8.3 储存
产品储存环境应清洁、干燥、阴凉、通风良好、无异味,有防鼠、防潮设施,仓库周围应无异味气体污染。储存产品时应分类存放,标识清楚,与地面应有隔离层。

功能性米制食品加工技术规范

1 范围

本文件规定了功能性米制食品的定义、分类、要求、检验方法、检验规则、包装、运输和储存。

本文件适用于以大米为原料生产的具有特定营养功能或营养成分的功能性米制食品的生产加工。

2 规范性引用文件

下列文件中的内容通过文中的规范性引用而构成本文件必不可少的条款。其中，注日期的引用文件，仅该日期对应的版本适用于本文件；不注日期的引用文件，其最新版本（包括所有的修改单）适用于本文件。

GB 5749　生活饮用水卫生标准

GB 7718　食品安全国家标准　预包装食品标签通则

GB 14881　食品安全国家标准　食品生产通用卫生规范

GB/T 1354　大米

GB/T 18810　糙米

NY/T 658　绿色食品　包装通用准则

NY/T 1055　绿色食品　产品检验规则

NY/T 1056　绿色食品　储藏运输准则

NY/T 3216　发芽糙米

QB/T 2847　功能性红曲米（粉）

DB 34/T 3210　发芽糙米生产技术规程

3 术语和定义

下列术语和定义适用于本文件。

3.1 功能性米制食品 functional rice product

以大米为原料，具有特定营养功能或营养成分的产品。

3.2 功能性红曲米（粉） functional red kojic rice（powder）

以大米为原料、用红曲霉发酵生成的含发酵自然产生的莫纳可林 K 等生物活性物质的红曲。

3.3 发芽糙米 sprouting husked rice

以糙米为原料，经清洗、发芽、干燥后形成的产品。

4 分类

功能性米制食品分为：功能性红曲米（粉）和发芽糙米 2 类。其中，功能性红曲米（粉）按形态分为红曲米和红曲粉。

5 要求

5.1 功能性红曲米(粉)的要求

5.1.1 功能性红曲米(粉)加工场所要求

加工场所应符合 GB 14881 的规定。

5.1.2 功能性红曲米(粉)原料要求

原料应符合 GB/T 1354 的规定。

5.1.3 功能性红曲米(粉)生产用水要求

生产用水应符合 GB 5749 的规定。

5.1.4 功能性红曲米(粉)产品技术指标要求

产品技术指标应符合 QB/T 2847 的规定。

5.2 发芽糙米的要求

5.2.1 发芽糙米加工场所要求

加工场所应符合 GB 14881 的规定。

5.2.2 发芽糙米原料要求

原料应符合 GB/T 18810 的规定,且发芽率≥85%。

5.2.3 发芽糙米生产用水要求

生产用水应符合 GB 5749 的规定。

5.2.4 发芽糙米加工技术要求

加工技术应符合 DB34/T 3210 的规定。

5.2.5 发芽糙米产品技术指标要求

产品技术指标应符合 NY/T 3216 的规定。

6 检验方法

6.1 功能性红曲米(粉)检验方法

功能性红曲米(粉)检验方法应符合 QB/T 2847 的规定。

6.2 发芽糙米检验方法

发芽糙米检验方法应符合 NY/T 3216 的规定。

7 检验规则

7.1 功能性红曲米(粉)检验规则

功能性红曲米(粉)检验规则按 QB/T 2847 的规定执行。

7.2 发芽糙米检验规则

发芽糙米检验规则按 NY/T 1055 的规定执行。

8　包装、运输和储存

8.1　功能性红曲米(粉)的包装、储存和运输

8.1.1　功能性红曲米(粉)的包装

产品包装上应有标签并符合 GB 7718 的规定。此外,还应标明"莫纳可林 K"含量。

8.1.2　功能性红曲米(粉)的运输

产品在储运过程中,严禁与有毒、有害、有腐蚀性及其他污染物混装、混运。此外,在运输过程中应防雨、防潮、防止日光曝晒。装卸时应轻拿轻放,堆放整齐,严禁倾倒重压。

8.1.3　功能性红曲米(粉)的储存

产品应存放在清洁、阴凉、干燥、通风的库房中,有防虫、防鼠设施。此外,在常温下,产品保质期至少 24 个月。

8.2　发芽糙米的包装、储存和运输

8.2.1　发芽糙米的包装

按 NY/T 658 的规定对产品进行包装。

8.2.2　发芽糙米的运输和储存

按 NY/T 1056 的规定对产品进行运输和储存。

第四章 绿色产业支撑技术规范

促进生态产品价值实现的金融创新技术规范

1 范围

本文件规定了促进生态产品价值实现的金融市场环境和体系创新、金融产品创新、金融服务创新、金融组织结构创新、金融保障体系创新等方面的技术规范。

本文件适用于皖北地区（含沿淮地区）促进生态产品价值实现的金融创新。

2 规范性引用文件

本文件没有规范性引用文件。

3 术语和定义

下列术语和定义适用于本文件。

3.1 生态产品 Ecological Products (EP)

维系生态安全、保障生态调节功能、提供良好人居环境的自然资源所提供的产品和服务，包括提供清新的空气、清洁的水源和宜人的气候的森林、草地、湖泊、湿地的保育以及低碳绿色生产生活方式等。其自然功能包括吸收二氧化碳、制造氧气、涵养水源、保持水土、净化水质、防风固沙、调节气候、清洁空气、减少噪声、吸附粉尘、保护生物多样性、减轻自然灾害等。

3.2 生态产品价值 Value of Ecological Products (VEP)

生态系统为人类福祉和经济社会可持续发展提供的各种生态产品与服务（简称"生态产品"）价值的总和，主要包括生态系统提供的物质产品、调节服务和文化服务的价值。

3.3 金融创新 Financial Innovation(FI)

促进生态产品价值实现的金融创新主要途径包括金融市场环境和体系创新、金融产品创新、金融服务创新、金融组织结构创新、金融保障体系创新等；促进生态产品价值实现的金融创新主要功能包括提供融资保障、助力生态产品价值变现、推动市场价格发现、促进产品和服务价值增值以及引导生态文明建设等。

4　总则

4.1　保护优先,绿色发展

贯彻习近平生态文明思想,践行"绿水青山就是金山银山"理念。

4.2　政府引导,市场运作

通过制定规划、经济补偿、服务保障和制度设计等引导,发挥政府宏观调控作用,发挥市场在资源配置中的决定性作用。

4.3　风险可控,稳步推进

提高生态产品价值实现领域金融风险意识和识别能力,坚决守住不发生区域性系统性金融风险的底线。

4.4　因地制宜,创新探索

立足于当地的生态产品价值实际,因地制宜、分类施策、循序渐进促进生态产品价值实现的金融创新。

5　金融市场环境和体系创新

5.1　支持产业升级、绿色低碳发展

坚持生态保护和绿色发展要求,推进差别化金融支持措施,持续发挥金融在产业升级过程中的支持和引领作用。。

示例 1:

对于环保意识薄弱、技术工艺落后、环保事件频发的企业,制定金融限制性措施;对于积极改造传统产业,促进产业绿色低碳化转型的企业提高金融支持力度,推动产业向绿色低碳生产转型。

5.2　绿色低碳技术研发、推广和应用

积极构建绿色低碳技术应用价值的评估体系,推动金融机构对技术成果转化的支持,加快绿色低碳技术的推广和应用。

5.3　发展碳交易市场

立足于生态产品全产业链、全价值链,构建碳排放交易的制度框架,形成总量控制、核算科学、交易完整的碳排放交易市场体系,推动碳汇交易市场的建设。

6　金融产品创新

6.1　绿色信贷服务

6.1.1　生态产品产权抵(质)押融资创新

6.1.1.1　明晰生态产品产权

6.1.1.2　建立生态产品价值(VEP)核算体系

示例 2:

某县建立了生态系统生产总值核算体系,并基于核算体系建立政府购买生态产品制度,按照 VEP 年度增量的 2% 支付生态采购款。对于需要补偿的生态价值部分,试行阶段先由

县政府给予70%的补贴,剩余30%由接受生态服务的单位向供给单位支付,再逐年降低县政府补贴比例,直至完全退出。

6.1.1.3 "生态资产权益抵(质)押＋项目"贷款模式创新

除传统的项目风险评估贷款模式外,本文件提出生态资产权益抵(质)押类信贷产品,如下:

 a) 抵押类信贷产品创新。基于生态产品产权,开展抵押类信贷产品创新,包含但不限于:

 自然资源产权类:土地经营权、水权、林权、渔权等。

 环境资源产权类:排污权、碳排放权、用能权、水权等。

 b) 质押类信贷产品创新。基于生态产品产权,开展质押类信贷产品创新,包含但不限于:

 收益权类:生态产品价值未来补偿或销售收益权、生态旅游门票收益、生态旅游吃、住、行、游、购、娱等各个环节的收益等。

 知识产权类:生态商标权、生态专利权等。

示例 3:

某县某生产生态产品或服务企业需要融资,可通过"绿金通",利用生态专利权进行质押担保,担保后的贷款利率比一般项目的利率下调50%,通过市场化融资和专业化运营,解决生态产品价值实现过程中的资金需求。

注:"绿金通"为质押类信贷产品总称。

6.1.2 生态信用运用创新

 a) 构建生态信用正负面清单。

 b) 建立企业、行政村、自然人等不同主体的生态信用档案。

 c) 建立生态信用评价体系。

示例 4:

某县建立了生态信用正负面清单积分管理制度,根据积分不同,将贷款企业(或居民)划为 5 个档次。其中,"基础档"为 50(含)分～70 分,贷款利率较普通信用贷款至少低 40 bp;"先进档"为 70(含)分～80 分,贷款利率较普通信用贷款至少低 60 bp;"榜样档"为 80(含)分以上,贷款利率较普通信用贷款至少低 90 bp。积分低于 50 分的则不享受优惠政策;低于 40 分的将取消贷款授信额度。生态信用良好的企业(或居民)可享受优先调查、优先评级、优先授信、优先贷款等服务。

注:基点 Basis Point(bp),利率改变量的度量单位,一个基点等于 0.01%。

 d) 建立生态信用共享数据库。

 e) 基于生态信用等级确定贷款准入、利率和额度。

示例 5:

某县建立了生态信用档案和生态信用评价体系,将评价结果作为获得"绿金通"的前提和优惠条件。根据积分不同,将贷款政策划为五个档次。其中,AAA 级主体的贷款利率较普通信用贷款至少低 90 bp;AA 级主体贷款利率较普通信用贷款至少低 60 bp;A 级主体贷款利率较普通信用贷款至少低 40 bp;B 级主体不享受优惠政策;C 级主体取消贷款授信额度。

注：基点 Basis Point(bp)，利率改变量的度量单位，一个基点等于 0.01%。

6.2　绿色债券(证券)

推动提供生态产品和服务的生产经营组织利用资本市场，发行绿色债券和股票，进行生态产品和服务供给融资。

示例 6：

某县扩大绿色债券发行规模，建立绿色债券项目储备，重点推出"绿金债"，推动绿色债券增量扩面。

注："绿金债"为绿色债券(证券)总称。

6.3　绿色保险产品

在具备条件的地区开展农林产品收益保险、绿色产品质量安全保险等金融服务，创新生态环境责任类保险产品。

示例 7：

地方农业农村部门应协助保险经办机构做好保险标的审核，确认水稻种子的品质，水稻种子的预算管理、后期的种植监督检查等事宜，申报"绿金保"保险，为水稻种子生产组织申请投保提供依据。同时，稳定了水稻种子的供给，从源头上保证水稻的绿色性。

注："绿金保"为绿色保险产品总称。

6.4　专项基金

完善社会多元主体参与的机制和渠道，引导成立生态产品价值实现专项公益基金，推动全社会生态福祉共建共享。

示例 8：

地方政府或金融机构结合当地情况，成立"绿金基"专项基金，推动生态产品价值更好更快实现。

注："绿金基"为绿色专项基金总称。

6.5　碳金融

加大绿色金融支持力度，开展基于生态产品价值实现的碳金融创新，通过资产证券化推进碳融资发展，打开碳资产质押融资、保值增值以及碳金融的发展空间，为生态产品价值实现提供资金保障。

示例 9：

开展基于生态产品价值实现的碳金融创新，推出"绿金碳"产品，促进碳金融市场发展。

注："绿金碳"为碳金融产品总称。

7　金融服务创新

7.1　生态金融服务平台创新

金融服务平台的功能包含但不限于以下内容：

a)　生态信用信息采集；

b)　生态信用评定；

c) 生态项目风险评估和后续监测实施情况；

d) 绿色金融产品和服务宣传；

e) 绿色金融产品办理。

同时，设定"生态产品价值实现"板块，为相关的金融产品和金融服务提供绿色通道。

示例 10：

生态产品价值实现有关项目的"绿金通"采取"一次核定、随用随贷、余额控制、周转使用"的方式，在资料齐备的情况下，从调查审批到贷款发放，实行 3 个工作日限时办结制度。在贷款利率方面，实行优惠政策，远低于其他贷款产品价格。在信贷办理过程中，不收取客户的任何费用。提升该类贷款不良容忍率，消除客户经理惧贷惜贷心理，提升放贷信心。同时，加强后期项目实施情况的监测，保证生态价值得以实现。

7.2 生态金融支付服务创新

创新支付结算工具在溯源领域的运用，包含但不限于以下领域：

a) 农产品流通领域；

b) 农资领域。

示例 11：

通过电子支付的方式对农产品进行溯源。追踪水稻进入市场各个阶段（从生产到流通的全过程）。涉及水稻产地、加工、运输、批发及销售等多个环节，可以实现产品源头到加工流通过程的追溯，保证终端用户购买到放心产品，防止假冒伪劣水稻进入市场，提高水稻的品牌知名度。

7.3 开展绿色租赁业务

实施行业专营，提供专业化绿色租赁服务。

示例 12：

地方农业农村部门与金融租赁公司合作，开展农机租赁业务试点。同时，积极探索出多种农机租赁业务模式，重点支持技术领先、节能环保型水稻插秧机、水稻收割机等租赁。

8 金融组织结构创新

8.1 构建创新型金融机构

构建创新型金融机构，使得绿色金融体系能够更为完善，并注入更为强劲的动力，进而使绿色新产业能够保持稳定的发展趋势。

示例 13：

地方金融机构吸纳有意愿参与水稻种植的小农户为社员，按规定对小农户发放帮扶贷款，再由专业合作社集中资金向农业公司采购稻苗，小农户参与水稻种植及水稻养护。农业公司与专业合作社签定水稻回购协议，并向小农户每年每亩缴纳一定的回购定金。小农户还可获得政府产业补贴增收资金，水稻销售时除去归还农商帮扶贷款本息外，剩余利润为小农户收入。

8.2 加大政府支持力度

深化政银联动，推进"政府贴息、银行贷款、保险投保"（简称"政银保"）小额贷款贴息项目。对实施绿色发展的机构,可以基于银行专项再贷款支持金融机构提供优惠利率信贷的基础上,按人民银行再贷款利率的 50% 给予贴息,贴息期限不超过 1 年。

8.3 建立专业中介机构

做好事前风险评估和事后监测,发现异常状况,及时报告和纠正。

8.4 推动银行机构转型

完善银行机构治理体系,力争实现银行营利性、流动性和安全性的有机全面统一。

示例 14:

某县农联社打破了"单一信贷"的商业金融模式,利用地缘、亲缘关系吸收社员入股或进行股金投放,增强了入股社员的自豪感和责任感。同时,加强了与村"两委"和新型经营主体在经济和组织上的联系,自然形成了以村镇为基础、社员之间互助合作、基本信息对称的熟人征信系统,为开展农村合作金融奠定了坚实基础。

8.5 促进财富和资产管理机构发展

促进产业和企业创新、产业全面升级以及财富资产管理机构稳定高效发展。

8.6 加快市场服务机构建设

建立健全完善金融市场的基础配套建设,支持市场服务机构发展,促进市场服务绿色低碳转型。

9 金融保障体系创新

9.1 绿色金融运行服务体系

充分发挥市场在资源配置中的决定性作用,遵循绿色低碳技术创新,遵守国家绿色金融管理法规和产业绿色低碳发展政策。

9.2 培育专业型人才

采用内部培训与外部引进相结合的方式,既培养熟悉相关政策和技术分析的科研人才,又培养能够准确评估环境风险、生态产品价值的复合型人才。

9.3 成立绿色金融监督委员会

在金融机构内部设立专门的环境保护监督机构,派专人定期检查贷款企业经营活动对环境的影响。

9.4 增强政策激励

完善利益分配机制,扩大个人和生产经营组织提供生态产品收益范围和收益分配比例,扩大金融机构和资本市场促进生态产品价值实现的金融创新权限,保障金融创新收益,减少金融创新风险。

稻米全产业链质量监控物联网平台建设技术规范

1 范围

本文件规定了颍上县国家现代农业产业园(以下简称产业园)稻米全产业链质量平台建设的基本要求,定义了稻米全产业链质量监控物联网平台涵盖的范围和基本功能,提出了系统体系结构、系统功能、应用系统集成、系统验收及运维的原则和建议,明确了系统建设的有关要求。

本文件适用于产业园稻米全产业链质量监控物联网平台的建设与管理。

2 规范性引用文件

下列文件中的内容通过文中的规范性引用而构成本文件必不可少的条款。其中,注日期的引用文件,仅该日期对应的版本适用于本文件;不注日期的引用文件,其最新版本(包括所有的修改单)适用于本文件。

GB 163　计算机信息系统安全专用产品分类原则

GB/T 8556　计算机软件开发规范

GB/T 8567　计算机软件文档编制规范

GB/T 9386　计算机软件测试文档编制规范

GB/T 9835　计算机软件需求说明编制指南

GB/T 11457　信息技术　软件工程术语

SJ/T 11674.3　信息技术服务　集成实施　第 3 部分:项目验收规范

GB/T 12505　计算机软件配置管理计划规范

GB/T 14079　软件维护指南

GB/T 14393　计算机软件可靠性和可维护性管理

GB/T 15538　软件工程标准分类法

GB/T 16260.1　软件工程产品质量　第 1 部分:质量模型

GB/T 16260.2　软件工程产品质量　第 2 部分:外部度量

GB/T 16260.3　软件工产品质量　第 3 部分:内部度量

GB/T 16260.4　软件工程产品质量　第 4 部分:使用质量的度量

GB/T 18726　现代设计工程集成技术的软件接口规范

GB/T 20001.10　标准编写规则　第 10 部分:产品标准

GB/T 20270　信息安全技术网络基础安全技术要求

GB/T 20271　信息安全技术信息系统通用安全技术要求

GB/T 25000.51　软件产品质量要求与评价

GB/T 31722　信息技术安全技术信息安全风险管理

3　术语和定义

以下术语和定义适用于本文件。

3.1　稻米全产业链

在稻米生产及流通过程中,涉及从田间地头到最终用户所形成的网络结构,包括投入品采购、水稻育秧、水稻生产、仓储、加工、稻米销售及物流等环节牵涉到的主体,以及在生产过程中相关联的农技、农机等社会化服务主体。

3.2　质量监控

达到质量要求所采取的作业技术和活动。借助物联网和大数据技术实现投入品监控、水稻生产、仓储、加工、大米销售、流通等各环节的过程监控,以满足对大米的质量控制要求。

3.3　农业物联网

物联网技术在农业生产、经营、管理和服务中的具体应用,就是运用各类传感器、RFID、视觉采集终端等感知设备,广泛地采集稻米种植、稻米加工、稻米物流仓储等领域的现场信息,通过建立数据传输和格式转换方法,充分利用无线传感网络、电信网和互联网等多种现代信息传输通道,实现农业信息多尺度的可靠传输,最后将获取的海量农业信息进行融合、处理,并通过智能化操作终端实现农业的自动化生产、最优化控制、智能化管理、系统化物流、电子化交易,进而实现农业集约、高产、优质、高效、生态和安全的目标。

3.4　"天-空-地"一体化

利用航天遥感(天)、航空遥感(空)、地面物联网(地)精准把控稻米生产的数量、空间位置与地理环境,获取种植主体及管理部门想要了解到的信息。

3.5　质量安全可信溯源

可信是指在溯源系统中引入区块链技术,利用区块链技术具有去中心化、分布式网络、强安全加密机制和记录公开透明不可篡改的特点,在稻米生产、加工、销售、流通全流程的环节发挥区块链技术作用,链上链下结合确保信息真实还原保证稻米品质。

3.6　稻米全产业链质量监控物联网平台

集3S、云计算、大数据、区块链、人工智能、农业物联网等新兴技术为一体,从标准化、规范化、规模化、现代化、智能化的角度出发,依托平台各大系统功能和服务,利用物联网智能化的监测手段,通过部署在稻米生产现场的各种传感节点、控制节点、视频和无线通信网络等设备,实现对设备状态实时监控、稻米生产现场环境数据实时监测及采集,并将相关数据信息统一汇入稻米全产业链可视化管理与大数据中心,进行数据存储和管理实现信息的可视化显示。

4　总则

4.1　指导思想

遵循"统一规划、统一标准、分类采集、共享使用"的原则进行规划设计,能够将智能感知、传输、控制和作业一体化,通过搭建水稻工厂化育秧智能监控系统、稻米种植"天-空-地"一体化智能管理系统及稻米仓储加工数字化管理系统,推动"天-空-地-人-机"一体化的稻米物联网测控体系构建,提升农业生产标准化、规范化和智能控制水平;建立稻米质量安全可信溯源系统,有效监控稻米生产全过程,保障稻米质量安全;构建稻米品牌电子商务与宣传体验系统,提供颍上大米品牌宣传和体验;建设稻米全产业链大数据分析决策系统,指导农业精准化生产方式的发展,推动农产品规模化生产模式转变。

4.2 建设原则

4.2.1 遵循"统一管理、统一规划、统一标准、统一建设"原则,打造稻米全产业链质量监控物联网平台。

4.2.2 稻米全产业链质量监控物联网平台应涵盖本规范范围内的所有功能,同时满足技术规范要求。

4.3 建设目标

4.3.1 建立集稻米全产业链可视化管理与大数据中心、水稻工厂化育秧智能监控系统、稻米种植"天-空-地"一体化智能管理系统、稻米仓储加工数字化管理系统、稻米质量安全可信溯源系统、稻米品牌电子商务与宣传体验系统、稻米全产业链大数据分析决策系统于一体的稻米全产业链质量监控物联网平台,基于智能感知设备、智能控制设备,为用户提供田间地头、加工仓储及物流运输过程中的实时生产环境数据的采集、存储及分析的服务应用。

4.3.2 通过平台全面监控稻米生产全过程的环境数据,实现数字化农业,有效减少人力成本,通过数据提高稻米全产业链中相关主体的管理效力及精确度。

4.4 建设要求

4.4.1 适用性与前瞻性

4.4.1.1 平台整体规划建设将遵循产业园稻米产业实际开展,确保设计成果适用性,为后续设计的实现、落地提供依据。

4.4.1.2 系统应能够适应未来农业产业发展需要,满足扩展需求。

4.4.2 可靠性

4.4.2.1 系统应考虑硬件和软件的容错、数据备份等系统可靠性措施,数据完整性需达100%,系统出现问题能保证数据的完整恢复。

4.4.2.2 系统应提供相关机制,以保证服务器故障不影响信息的采集。

4.4.2.3 系统提供自检功能,可查看系统各功能模块、各服务的运行情况,发现故障后能及时告警。

4.4.3 安全性

4.4.3.1 利用可靠的数据加密技术;对用户密码与敏感数据进行数据加密。

4.4.3.2 应防止对资源的非授权使用和访问。

4.4.4 扩展性

4.4.4.1 当需要增加被管理对象时,只需增加采集设备或采集代理。

4.4.4.2 提供快捷的管理、开发平台,方便第三方系统通过二次开发与稻米全产业链质量监控物联网平台集成。

4.4.5　易用性

4.4.5.1　用户界面提示信息通俗易懂,操作及选择键(热键、菜单选择等)的功能定义在全系统保持一致。

4.4.5.2　系统常用环节设置"快捷键",方便功能间的切换。

4.4.5.3　系统采用开放的接口,可方便进行二次开发。

4.4.6　共享性

4.4.6.1　平台的选择应该符合国家、行业标准。

4.4.6.2　对已经建成的基础设施和数据资源,在本系统建设中要充分加以利用。

5　平台总体技术架构

稻米全产业链质量监控物联网平台应用的软件架构为浏览器/服务器模式(B/S),总体技术架构(图 1)包括数据采集层、传输层、基础设施层、数据层、应用层、服务层。

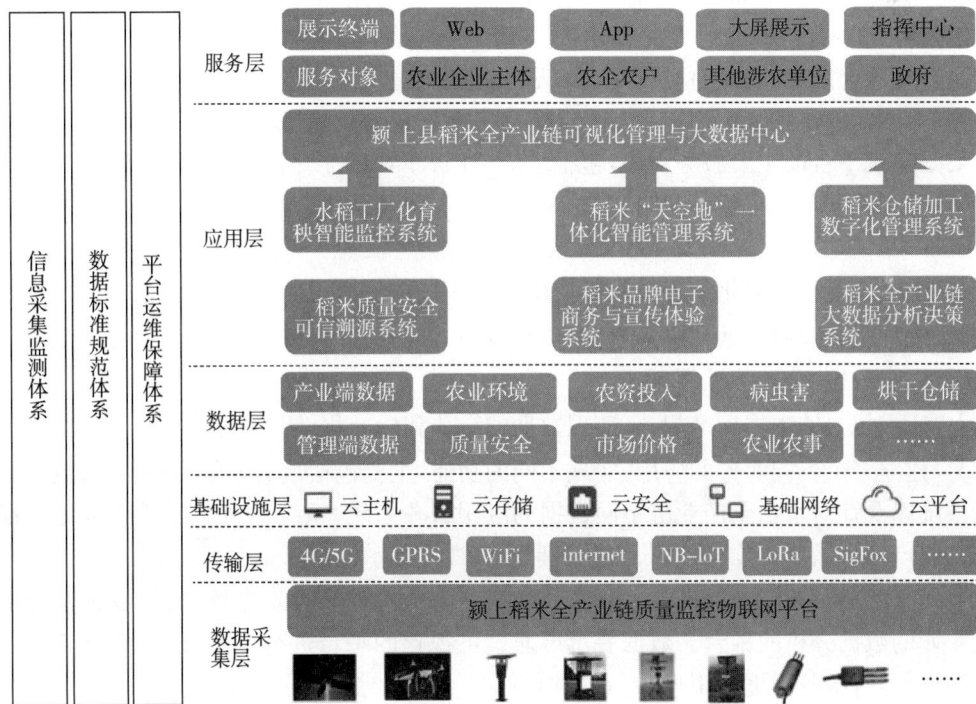

图 1　稻米全产业链质量监控物联网平台总体技术架构

5.1　数据采集层

平台的最底端,既包括卫星数据采集、无人机数据和各类物联网设备数据采集,也有互联网爬虫解析、人工数据填报等方式(采集数据的内容包括但不限于附录 B 至附录 G 的内容)。

5.2　传输层

功能是保证数据可靠地从发送结点发送到目标结点。确保数据以相同的顺序发送和接收,并且传输后接收结点会给出响应。传输层要确定数据错误校验的级别,最高的级别可以确保数据在可以接受的时间内无差错地从结点发送到结点。

5.3 基础设施层

基础硬件设施将使用云服务提供基础设施服务;同时,在基础设施层中构建区块链,即服务平台和合约开发平台,将区块链技术全部应用到平台和系统开发的整个过程中。

5.4 数据层

负责数据的统一组织、存储和管理,为应用层提供数据支撑。重点建设产业端数据库和管理端数据库,通过采集数据进行分析后与应用层6个系统进行连通,在6个系统之间实现无缝对接,也可与其他平台系统通过共享交换方式进行数据对接。

5.5 应用层

以业务应用需求出发,以1个中心、6个系统为基础,通过数据连通、业务联动,实现稻米全产业链过程中的数据采集分析、预测预警、应急处理和监管分析、质量溯源和销售推广等业务服务,实现生产主体管理、数据质量管理、生产数据统计、相关设备管理、运行监测管理和公共服务管理等功能。

5.6 服务层

主要体现为展示层和用户层。其中,展示层是以建设PC端门户和可视化主题大屏为主要内容,同时满足接入应用服务App,以及建立公众号、小程序等第三方接入端口;用户层主要是体现平台的主要服务对象,包括政府部门、涉农单位、稻米生产主体和消费者。

6 功能要求

6.1 稻米全产业链可视化管理与大数据中心

6.1.1 水稻全产业链大数据中心包括生产、流通、价格、贸易、舆情等数据,主要来源有物联网数据、生产数据、统计数据等方面。

6.1.2 建设统一的数据标准规范,实现数据的统一和标准化,便于数据入库。

6.1.3 建立多个不同业务的应用,实现不同的功能,主要包括数据采集治理系统、数据分析挖掘系统以及针对水稻全产业链不同数据的应用服务系统,系统功能需要能够满足数据采集、数据分析挖掘、监测预警预测、数据共享和可视化展示等需求。

6.1.4 数据分析需要有模型算法、科学的数据分析方法作为技术支撑,为县域农业管理者提供专业的数据分析的平台。数据展示可通过可视化的平台进行展示,部分成果可以面向公众进行公开,服务于更多用户。

6.1.5 可视化平台应提供物联网数据的统计及展示功能;支持对接入软件平台的企业、生产基地、物联网设备和面积等数量信息进行统计并直观展示;支持从设备类别、设备运行状态等不同维度对设备信息进行统计并直观展示,可以为运维人员提供宏观、直观的物联网设备状态统计视图。

6.2 水稻工厂化育秧智能监控系统

6.2.1 水稻工厂化育秧智能监控系统主要由育秧温室环境监测控制模块、水稻品种鉴定模块和秧苗生长模型模块构成。

6.2.2 育秧温室环境监测控制模块可以对育秧温室的环境状况进行实时监测,并可驱动相关智能设备进行调节。

6.2.3 基于水稻品种鉴定平台基础之上的优选能力来选择优质水稻品种来放入育秧温室进行智能化育苗;同时,辅助于秧苗生长节点模型,对秧苗生长过程中各个节点进行数字化表达,形成特有的智能化育秧系统。管理人员可依据专业判断进行人工干预,也可以预先设置好控制逻辑,依据系统判断,促成育秧系统的智能化运行,保障出苗率。

6.3 稻米"天-空-地"一体化智能管理系统

6.3.1 开展大数据可视化工作,将采集的数据和生成的特定模型开展可视化,便于学习与使用。

6.3.2 系统利用卫星遥感监测、无人机监测、地面传感器监测成果和基础地理信息数据及农业业务专题数据,依托 GIS 系统,搭建"天-空-地"一体化的展示体系,对项目区域的地理环境、规划情况及水稻种植环境数据和图像进行全方位的展示。

6.3.3 系统可对监测到的相关数据设置阈值,进行预警,也可通过系统对相关智能设备进行远程控制,如电控闸门、水泵及电磁阀等。

6.4 稻米仓储加工数字化管理系统

6.4.1 仓库环境自动化控制:通过智能传感器对仓库温度进行智能化监测。当监测数据低于或高于阈值时,系统会自动打开通风或增温系统,调节库区内的温湿度。

6.4.2 出入库管理赋码:通过如入库的独立包装以加工的大米进行独立包装赋码,附加上品种、批次、米质等相关信息,以二维码溯源的方式进行流通追溯。其间,采用套码管理的方式,保障出入库有据可查。

6.4.3 可通过可视化平台接入仓储加工过程中的视频图像数据,提供过程监控依据。

6.5 稻米质量安全可信溯源系统

6.5.1 采用"区块链"技术,集"物联网服务、产品防伪、大数据分析"为一体,结合防伪、溯源、数据、营销等多重功能,提供从"田间"到"餐桌"全流程溯源系统解决方案,提供农产品溯源一站式服务,保护和提升颍上大米的整体品牌形象和价值。

6.5.2 提供为颍上县稻米溯源企业提供企业及产品溯源在线认证申报渠道,并可依据产品批次发放溯源码,溯源码可由企业自行打印或喷涂,政府职能部门可设置统一背书的溯源防伪码,由企业进行购买。

6.5.3 系统功能包括企业管理、产品管理、溯源查询、防伪码管理、用户管理等。

6.6 稻米品牌电子商务与宣传体验系统

6.6.1 通过主流电商平台,实现商品查询、选购、体验、互动、订购与支付的线上线下一体化服务模式;同时,可设置营销互动功能,包括扫码积分、扫码抽奖、扫码送红包等营销互动活动,来提高客户黏度。

6.6.2 通过拍摄关于颍上县水稻全产业链的相关宣传片、视频、图片,通过在省级媒体平台和自媒体平台进行推广,提升产业园及颍上大米的形象。

6.7 稻米全产业链大数据分析决策系统

6.7.1 水稻全产业链分析决策系统,主要是针对采集的各类数据,开展水稻全产业链的知识库及决策模型构建。针对颍上国家现代农业产业园的水稻产业"产前—产中—产后"等关键环节,为农业行政管理部门、园区管委会、企业、新型经营主体、社会化服务组织等生产、经营、管理、服务等工作提供大数据分析决策支撑,提供集中式的综合管理和应用服务。

6.7.2 通过开展数据资源分析、资源计算、资源挖掘、数据学习,结合颍上国家现代农业产业园的水稻的生产、管理、经营、服务等关键环节,建立物联网环境及相关的水肥监测、产能布局、产销媒合等数据挖掘分析模型;同时,需要数据的大量积累,模型通过种植、环境控制等农业物联网数据的关系挖掘、多目标优化、数据样本训练、文本数据提取、算法优化、典型数据模型和深度学习等方法,在系统智能计算部分挖掘计算能力的基础上,建立长期的运营管理机制,逐步实现决策模型的可应用性、实用性,提供颍上国家现代农业产业园的水稻特色产业的农业大数据的智能挖掘计算、GPU图像计算、深度机器学习等数据分析决策服务,对水稻农业生产经营主体在主要关键技术环节的分析决策进行有力支撑。

6.7.3 分析历年水稻产量与气象关系,通过对气象大数据、水稻分地区历史产量数据进行分析,挖掘水稻产量与气象因素的潜在关联关系;通过对大数据的多模泛化关联分析得到水稻在不同生长期期间单产与各气象要素之间的详细关系;应用气象产量分析方法,开展颍上水稻主产区产量与气象关系的分析。

6.7.4 通过收集企业及稻农销售价格、批发市场价格、水稻进出口价格等历史价格数据,结合气象、区域产量等影响水稻价格的指标形成多维弱相关的数据集合,形成较为准确的水稻价格预测模型;通过对市场水稻价格的预测与预警,为政府及企业的智能决策提供指导。

7 项目建设流程

7.1 可行性论证

7.1.1 编制项目建设可行性研究报告。

7.1.2 组织专家评审,评审通过后组织招投标。

7.2 项目招投标

7.2.1 选取招标代理公司,编制招标文件,组织招标工作。

7.2.2 进行项目招标,确定中标单位。

7.3 项目实施

7.3.1 平台设计

平台设计应符合以下要求:
 a) 包括系统总体结构设计、软硬件配置、功能设计、数据库设计、安全可靠性设计等;
 b) 总体结构设计应明确系统的总体框架组成,确定平台的主要模块;
 c) 平台中硬件系统、软件系统应优先选择国家相关部门认可的品牌;
 d) 软硬件配置应根据系统规模、数据容量、功能要求提出,应根据用户和数据分布,提出网络配置方案;
 e) 软件选择应说明各类软件其技术特点,与同类产品的比较,选择的理由,并明确所选软件的名称、生产厂家、版本号和技术要求;
 f) 硬件选择应说明各类硬件设备的型号、台套数、性能指标。硬件设备主要包括计算

机、输入输出设备、数据存储与数据备份设备、网络、电源设备、传感器等;

g) 传感器接口应符合 GB/T 34068 的规定;

h) 网络设计应有网络设计技术要求、产品选型、拓扑结构、基本部件与配件、传输介质、接口、通信协议、约束条件、结构化布线方案等;

i) 功能设计应满足项目需求;

j) 数据库设计应考虑外部系统的接口;

k) 数据存储和服务器宜采用第三方云存储和云计算服务;

l) 平台的安全设计应符合 GB/T 22239 的规定;

m) 数据备份策略可采用完全备份、增量备份和差分备份。宜每周进行 1 次增量备份或差分备份,应每半年进行 1 次全备份;

n) 平台设计应说明平台运行过程中出现故障的补救措施或解决办法;

o) 提供总体设计报告和数据库设计报告。报告应包括前述的各项设计内容,报告中涉及的专业术语应符合 GB/T 11457 的规定。

7.3.2 平台开发

稻米全产业链质量监控物联网平台的应用软件编码前,应针对所用程序语言的特点编制程序编写规则,主要包括:

a) 变量命名规范;

b) 常量命名规范;

c) 过程或函数命名规则;

d) 程序说明与注释规则;

e) 程序书写格式。

7.3.3 平台测试

7.3.3.1 系统测试

由单元测试、集成测试和验收测试组成。

7.3.3.2 测试交付

内容包括:

a) 编程规范与源代码;

b) 可运行系统;

c) 测试分析报告;

d) 用户手册;

e) 操作手册;

f) 项目开发技术报告;

g) 项目开发工作报告。

7.3.4 平台试运行

7.3.4.1 系统安装与人员培训

在系统试运行之前,应对系统操作人员与系统管理人员进行现场培训。培训应能保证操作人员能熟练进行系统操作,完成常规的业务工作,排除常见的故障,并保证系统管理人员能胜任系统的日常管理和一般维护工作。

7.3.4.2 试运行

7.3.4.2.1 试运行可采用分步扩散的方式进行。

7.3.4.2.2 先进行小范围试运行。在系统试运行初期,先由系统管理人员、系统操作人员进行小范围内的集中试运行,并解决有关问题。

7.3.4.2.3 小范围试运行成功后,系统扩大到全面试运行阶段,即系统全面使用。宜在全面试运行 3 个月后,若系统能正常稳定运行,可组织专家进行评审与验收。

7.4 项目验收

7.4.1 验收要求

稻米全产业链质量监控物联网平台验收应符合以下要求:

a) 系统技术部分验收应由有资质的第三方测评机构完成;

b) 项目软件系统部分验收应符合 GB/T 28035 的规定;

c) 项目系统集成部分验收应符合 SJ/T 11674.3 的规定;

d) 项目的整体验收应采取专家评审方式。

7.4.2 材料准备

至少应包括:

a) 可行性研究报告;

b) 项目建设方案;

c) 设备清单;

d) 投标文件;

e) 项目合同;

f) 项目建设情况总结报告;

g) 项目监理报告;

h) 第三方测评报告;

i) 试运行情况报告;

j) 项目验收报告;

k) 项目审计报告。

7.4.3 项目验收

7.4.3.1 验收流程

a) 专家库抽取专家;

b) 项目实施单位汇报、演示;

c) 专家审查验收材料/设备现场验收。

7.4.3.2 验收内容

应审查:

a) 项目的立项、招投标和实施过程是否符合规范;

b) 项目经费使用是否合理;

c) 项目是否达到立项审核意见和合同的各项指标与要求;

d)　技术文档是否齐全,是否符合国家或有关部门的技术要求;

e)　根据技术标准、建设规范,检查各项指标是否达到要求;

f)　建设项目的设计、施工是否达到国家或有关部门规范要求;

g)　运行管理人员和操作使用人员的培训是否达到工作要求;

h)　相关管理规章制度是否建立和健全。

7.4.3.3　验收结论和处理

7.4.3.3.1　验收结论分为:(1)合格;(2)不合格。

7.4.3.3.2　对于不合格项目,可根据情况限期整改后再次验收,再次验收次数应为1次。

8　项目运维

8.1　运维要求

8.1.1　稳定性要求

应用系统应保证服务持续稳定。

8.1.2　安全性要求

应用系统信息安全管理应具备如下基本功能:

a)　用户及权限管理:应按用户分类清单建立用户和分配权限;

b)　服务器操作管理:对服务器的操作应由授权的系统管理员实施,实行日志文件管理和监控管理;

c)　日常运行安全管理:及时安装操作系统更新,安装防病毒软件并保持病毒库为最新,实行可靠的备份措施。

8.1.3　维护要求

应用系统发生故障时,应按照应用系统维护要求,在稻米全产业链质量监控物联网平台对应用系统发布状态进行变更,并及时排除故障,重新上线提供服务。

8.2　设备维护

8.2.1　应定期对相关采集传感器设备以及系统控制设备进行巡检维护,检查设备是否进水、是否有昆虫进入,是否供电正常,网络是否通畅,是否正常工作等,对在巡检过程中发现问题应及时处理并备案,巡检维护周期宜每月一次。

8.2.2　在稻米生产过程中,要注意物联网采集设备的安全。对于妨碍生产的设备,如需要更换位置或临时拆除,须在产品厂商指导下进行相关作业。

附 录 A

（资料性）

可接入物联网设备

可接入物联网设备见表 A.1。

表 A.1 可接入物联网设备

序号	相应设备名称	监测指标
1	视频监控传感器	用于田间监控水稻种植过程中苗情与病虫害、育秧大棚育秧过程中苗情与病虫害、仓储加工过程中的灾情及过程情况，显示方式是视频和图片
2	沟渠流量计	瞬时流量、流速、质量流量（当密度不变时）的实时测量和流量累计
3	无线气象综合监测站	用于监测稻田空气温湿度、光照、光合有效辐射、风向风速、雨量、气压、苗情光谱照片、墒情、土壤温度、土壤氧含量等
4	温室大棚环境传感器	用于监测育秧大棚内空气温湿度、光照、二氧化碳浓度、苗情照片、基质温湿度等
5	水质监测仪	用于监测参数包括水体溶解氧、浊度、pH、电导率、水温等参数
6	空气温湿度传感器	用于监测稻米仓储运输过程中的环境温湿度
7	管式墒情速测仪	用于深层土壤墒情温度监测，分为 10 cm、20 cm、40 cm、60 cm、80 cm 的土壤墒情
8	智能虫情测报灯	用于监测田间害虫与天敌捕获和自动识别，识别种类包括大螟、二化螟、稻纵卷叶螟、褐飞虱、白背飞虱等 40 余种作物常见害虫与天敌。基于 40T 容量的害虫标准图库的积累，运用人工智能技术，构建害虫自动识别技术模型，识别率高达 95% 以上。同时，拓展识别颍上地区其他一、二类害虫目录中的虫害，识别率不低于 80%
9	孢子捕捉仪	采用风扇采集空气中随风传播的孢子，集中拍照，自动对所捕获的孢子进行显微拍摄，无需培养和更换载玻片，自动选取最优图片上传；可自动控制孢子吸入量，重启与恢复，拍照间隔
10	土壤养分传感器	通过算法计算出土壤中 N、P、K 3 个指标的检测
11	土壤氧气监测传感器	主要用于土壤中氧气含量的测量
12	土壤热通量监测传感器	主要用于土壤热通量数据的测量
13	叶面温度传感器	用于监测作物叶面温度，自带上传测量数据和远程设置功能。同时，当出现网络故障时，后台将存储数据，网络恢复后，缓存数据将自动补发。可在 GIS 地图上和平台上显示设备的 GPS 位置信息、位移信息
14	植保无人机	通过对接，获取植保无人机作业时间、飞行轨迹等相关作业信息
15	智能农机	通过对接，获取智能农机作业时间、作业轨迹等相关作业信息
16	智能控制设备	通过对接，可以实现智能控制设备的开启、运行数据等相关信息

附　录　B

（资料性）

人工采集数据信息

人工采集数据信息见表 B.1。

表 B.1　人工采集数据信息

序号	数据名称	上报内容	更新频率	格式
1	植株调查取样	密度、分蘖、品种、生育期、LAI、生物量、氮含量	关键生育期更新	文本数据
2	田块边界与属性	田间矢量边界数据，权属信息，管护信息	变动更新	SHP 格式
3	种植相关数据	品种、地块、施肥、灌溉、植保、投入及收益等调查	变动更新	文本数据
4	产业经济数据	水稻产业分布、收成、面积、规模、投入等数据	变动更新	文本数据
5	灌溉设施数据	灌溉机井、田间道路、水肥一体化建设等数据	变动更新	SHP 格式
6	农机数据	农机种类、功率、台套数量等	变动更新	文本数据
7	农技数据	农技人员数量、专业、学历等	变动更新	文本数据
8	稻米仓储数据	仓储企业信息、企业财务报告、企业仓储设备、产值、仓储数量等仓储数据	变动更新	文本数据
9	稻米加工数据	加工企业信息、企业财务报告、企业加工设备、产值、加工数量等加工数据	变动更新	文本数据
10	稻米物流数据	物流企业信息、企业财务报告、企业物流设备、产值、运输数量等物流数据	变动更新	文本数据
11	稻米销售数据	销售企业信息、企业财务报告、企业收购数量、销售数量、销售价格等销售数据	变动更新	文本数据

附 录 C
（资料性）
耕地质量定位监测

耕地质量定位监测见表 C.1。

表 C.1 耕地质量定位监测

观测项目	观测指标	观测方法和技术	计量单位	观测频率
土壤物理性质	土壤容重	环刀法	g/cm³	1次/10年
	孔隙度	吸力平板法	%	1次/10年
	耕层厚度	—	cm	
	土壤水吸力	张力计法或室内压力膜法	Pa	1次/5年
土壤化学性质	土壤 pH	电位法		1次/3年
	土壤有机质	化学法:重铬酸钾氧化法 物理法:大小分组和密度分组法	g/kg	1次/3年
	土壤全氮	凯氏定氮法	g/kg	1次/3年
	氨态氮	比色法	mg/kg	1次/1年
	硝态氮	比色法	mg/kg	1次/1年
	全磷	比色法	g/kg	1次/3年
	有效磷	比色法	mg/kg	1次/1年
	全钾	光度法	g/kg	1次/3年
	速效钾	光度法	mg/kg	1次/1年
	硫化物	燃烧碘量法	g/kg	1次/5年
	有效硫	比浊法	mg/kg	1次/5年
	全铁	原子吸收光谱法、比色法	g/kg	1次/5年
	有效铁	原子吸收光谱法、比色法	mg/kg	1次/5年
	全锰	原子吸收光谱法、比色法	g/kg	1次/5年
	有效锰	原子吸收光谱法、比色法	mg/kg	1次/5年
	锌	原子吸收光谱法、比色法	mg/kg	1次/5年
	铜	原子吸收光谱法、比色法	mg/kg	1次/5年
	铅	原子吸收光谱法	mg/kg	1次/5年
	镍	原子吸收光谱法	mg/kg	1次/5年
	铬	原子吸收光谱法	mg/kg	1次/5年
	汞	原子吸收法	mg/kg	1次/5年

附　录　D

（资料性）

种植区域采集数据信息

种植区域采集数据信息见表 D.1。

表 D.1　种植区域采集数据信息

序号	采集元素	类型/量程	单位	精度	采集频次
1	监控视频图像	—	—	—	实时
2	空气湿度	0～95	%	1	1次/10min
3	空气温度	−40～70	℃	0.1	1次/10min
4	光照度	0～200 000	Lx	1	1次/10min
5	二氧化碳浓度	0～10 000	mg/m³	1	1次/10min
6	风速	0～65	m/s	0.1	1次/10min
7	风向	0～360	度	0.1	1次/10min
8	大气压强	300～1 100	hPa	0.1	1次/10min
9	降水量	0～999.9	mm	0.2	1次/10min
10	日照时数	0～1 440	min	1	1次/10min
11	蒸发量	0～80	mm	0.01	1次/10min
12	TBQ 总辐射	0～2 000	W/m²	1	1次/10min
13	光合有效辐射	0～2 000	W/m²	1	1次/10min
14	PM2.5	0～400	mg/m³	0.1	1次/10min
15	土壤湿度	0～100	%	0.1	1次/10min
16	土壤温度	−40～80	℃	0.1	1次/10min
17	土壤电导率	0～10 000	uS/cm	1	1次/10min
18	干式 pH	0～14	—	0.1	1次/10min
19	氨氮	0～1 000	mg/L	0.1	1次/10min
20	水温	−40～80	℃	0.1	1次/10min
21	溶解氧	0～500	mg/L	0.01	1次/10min
22	浊度	0～4 000	NTU	0.1	1次/10min
23	水位	−3～3	M	0.001	1次/10min
24	pH	0～14	—	0.1	1次/10min
25	稻田水位	0～200	mm	1	1次/10min
26	沟渠瞬间流量	0～99 999.99	L/s	0.0001	1次/10min
27	沟渠累积流量	0～4 290 000 000	m³	0.01	1次/10min
28	作物叶面温度	0～50	℃	0.1	1次/10min
29	卫星遥感数据	—	—	—	1次/10d
30	无人机遥感数据	—	—	—	根据需求

表 D.1（续）

序号	采集元素	类型/量程	单位	精度	采集频次
31	水稻病害	—	—	—	1次/1 h
32	水稻虫害	—	—	—	1次/1 h
33	无人机飞行高度	0～6 000	m	0.1	1次/10min
34	无人机飞行距离	0～99 999.99	m	0.1	1次/10min
35	无人机投洒量	0～30	kg	1	1次/10min
36	无人机投洒时间	0～30	min	0.1	1次/10min
37	智能农机作业时间	0～100	h	0.1	1次/1 h
38	智能农机作业面积	0～10 000	hm²	0.01	1次/1 h

附 录 E

（资料性）

水稻育秧大棚采集数据信息

水稻育秧大棚采集数据信息见表 E.1。

表 E.1 水稻育秧大棚采集数据信息

序号	采集元素	类型/量程	单位	精度	采集频次
1	监控视频图像	—	—	—	1 次/1 h
2	棚内空气湿度	0～95	％	1	1 次/10 min
3	棚内空气温度	−40～70	℃	0.1	1 次/10 min
4	棚内光照度	0～200 000	Lx	1	1 次/10 min
5	二氧化碳浓度	0～10 000	mg/m³	1	1 次/10 min
6	土壤湿度	0～100	％	0.1	1 次/10 min
7	土壤温度	−40～80	℃	0.1	1 次/10 min
8	土壤电导率	0～10 000	μS/cm	1	1 次/10 min
9	水肥设备流量	0～99 999.99	L/s	0.000 1	1 次/10 min
10	水肥管路压力	0～1.6	MPa	0.02	1 次/10 min
11	作物叶面温度	0～50	℃	0.1	1 次/10 min

附 录 F

（资料性）

稻米仓储采集数据信息

稻米仓储采集数据信息见表 F.1。

表 F.1 稻米仓储采集数据信息

序号	采集元素	类型/量程	单位	精度	采集频次
1	监控视频图像	—	—	—	1 次/1 h
2	仓库空气湿度	0～95	%	1	1 次/10 min
3	仓库空气温度	−40～70	℃	0.1	1 次/10 min
4	仓库二氧化碳浓度	0～10 000	mg/m³	1	1 次/10 min
5	仓库粉尘浓度	0～30 000	μg/m³	0.01	1 次/10 min
6	粮堆湿度	0～100	%	1	1 次/10 min
7	粮堆温度	−40～70	℃	0.1	1 次/10 min

附 录 G

（资料性）

稻米加工采集数据信息

稻米加工采集数据信息见表 G1。

表 G.1 稻米加工采集数据信息

序号	采集元素	类型/量程	单位	精度	采集频次
1	监控视频图像	—	—	—	1 次/h
2	加工车间空气湿度	0～95	%	1	1 次/10 min
3	加工车间空气温度	−40～70	℃	0.1	1 次/10 min
4	加工车间粉尘浓度	0～30 000	$\mu g/m^3$	0.01	1 次/10 min
5	加工车间噪声值	−30～130	db	0.1	1 次/10 min
6	加工设备启闭状况	—	—	—	1 次/h
7	稻谷接收量	0～999	t/h	0.001	1 次/h
8	稻谷清理量	0～999	t/h	0.001	1 次/h
9	砻谷产量	0～999	t/h	0.001	1 次/h
10	碾白产量	0～999	t/h	0.001	1 次/h
11	白米分级产量	0～999	t/h	0.001	1 次/h
12	色选产量	0～999	t/h	0.001	1 次/h
13	包装产量	0～999	t/h	0.001	1 次/h
14	大米含黄率	0～100	%	0.1	可选配置
15	大米含白率	0～100	%	0.1	可选配置
16	大米含碎率	0～100	%	0.1	可选配置
17	大米含病斑率	0～100	%	0.1	可选配置

附 录 H

（资料性）

农田排灌水在线监测

农田排灌水在线监测见表 H.1。

表 H.1 农田排灌水在线监测

观测项目	观测指标	观测方法和技术	计量单位	观测频率
水文要素	灌水流量	流速面积法	m³/s	1 次/10 min
	排水流量	流速面积法	m³/s	1 次/10 min
水体理化性质	浊度	分光光度法	NTU	1 次/10 min
	pH	电位法	—	1 次/10 min
	溶解氧	碘量法、电化学法	mg/L	1 次/10 min
	氨氮	分光光度法	mg/L	1 次/10 min
	总氮	紫外分光光度法	mg/L	1 次/h
	总磷	钼酸铵分光光度计法	mg/L	1 次/h
	化学需氧量 COD	重铬酸钾法	mg/L	1 次/h
	生化需氧量 BOD5	稀释与接种法	mg/L	1 次/h
	硝氮	分光光度法	mg/L	3 次/年
	磷酸盐	磷钼蓝分光光度法	mg/L	3 次/年
	总有机碳	重铬酸钾氧化法	mg/L	3 次/年

水稻生产主体绿色发展水平评价技术规范

1　范围

本文件规定了颍上县国家现代农业产业园（以下简称产业园）水稻生产主体绿色发展水平评价的基本原则、指标体系、指标解释、评价方法和结果应用。

本文件适用于产业园内规模以上水稻生产主体。

2　规范性引用文件

下列文件中的内容通过文中的规范性引用而构成本文件必不可少的条款。其中，注日期的引用文件，仅该日期对应的版本适用于本文件；不注日期的引用文件，其最新版本（包括所有的修改单）适用于本文件。

GB/T 6243　水稻插秧机　试验方法

GB/T 8321.10（所有部分）　农药合理使用准则

GB/T 20864　水稻插秧机　技术规范

GB/T 35795　全生物降解农用地面覆盖薄膜

NY/T 391　绿色食品　产地环境质量

NY/T 394　绿色食品　肥料使用准则

NY/T 496　肥料合理使用准则　通则

NY/T 1118　测土配方施肥技术规范

NY/T 1276　农药安全使用规范总则

NY/T 2156　水稻主要病害防治技术规程

NY/T 2978　绿色食品　稻谷

NY/T 3618　生物炭基有机肥料

3　术语和定义

以下术语和定义适用于本文件。

3.1　绿色发展

资源环境与农业发展之间的协调关系，要求在追求效益增长的同时，减少对资源环境的影响。

4　基本原则

4.1　坚持实事求是、公开公正、综合系统的客观性评价原则。

4.2　坚持以稻米产业绿色发展为基础，紧扣关键环节、重点领域的评价标准，充分发挥评价体系的引领作用，推动农业绿色经营主体先行示范。

4.3　坚持从制度规范、技术模式、设施配备、治理成效等方面入手，设置可参考、可比较的定性类指标和可获取、可测算的定量类指标,结合稻米产业绿色发展的侧重点,差异化设置二级指标的内容及权重。

5 指标体系

5.1 水稻生产主体绿色发展水平评价管理指标体系由生产、环境、资源、管理和形象指标构成。

5.2 为反映水稻生产主体绿色生产能力、环境保护能力、资源利用能力和生产管理的规范化和现代化程度,以及周边社会环境对水稻生产主体的认知和接受程度,本文件设置定性和定量指标,分为一级指标和二级指标。一级指标包括生产、环境、资源、管理和形象五类。每类一级指标分别由若干二级指标组成,指标、赋分、评分标准和奖补资金见附录A。

5.3 产业园水稻生产主体绿色发展水平评价指标体系中各项指标解释,数据及材料来源见附录B。

5.4 可依据水稻生产主体绿色发展现状和政策导向,因地制宜进行指标增减。

6 评价机制

6.1 评价方法

农业技术推广部门统筹结合业务指导、产品抽检等工作,滚动式开展水稻生产主体绿色发展日常检查。水稻生长季内组织相关专家开展一次中期评价。水稻收获前,组织相关专家通过现场查勘、资料查阅与质询等方式,集中开展创建成效评价。评价工作完成后,及时将评分表、佐证材料上传农业主体绿色发展数据库,确保主体长期监测、数据动态更新。

6.2 结果应用

水稻生产主体绿色发展评价结果分为良好、一般以及关注3个档次,对应的评分依次为80分以上、60分以上和60分(不含)以下。对创建成效评价得分80分以上的经营主体授予"生态示范家庭农场"或"绿色经营示范农民合作社"称号,综合评价得分分值与奖补资金额度挂钩。创建成效评价得分80分以下的经营主体取消农业绿色经营主体创建资格。

附　录　A

（资料性）

水稻生产主体绿色发展水平评价指标体系

水稻生产主体绿色发展水平评价指标体系见表 A.1。

表 A.1　水稻生产主体绿色发展水平评价指标体系

一级指标	序号	二级指标	赋分	评分标准	评分
生产	1	绿色品种选用	6	采用合理的间作模式,在种植单元区域内种植的水稻品种≥2个,得6分;不符合要求的,扣6分	
	2	化肥定额施用	5	单季施用化肥总量(折纯量)不超过《安徽省主要作物化肥施用定额制参考指标(试行)》的规定(≤14.7 kg/667 m²)。其中,氮(N)≤9 kg/667 m²、磷(P₂O₅)≤3 kg/667 m²),得5分;每提高1 kg/667 m²扣0.5分,扣完为止	
	3	农药定额施用	5	单季化学农药使用量(折百量)不超过《国家农业绿色发展先行区评估确定指标体系》的规定(≤0.16 kg/667 m²),得5分;每提高10 g/667 m²扣1分,扣完为止	
	4	灌溉水定额使用	6	单季灌溉水不超过 DB 34/T 679—2019 的规定(水文年型75%,≤211 m³/667 m²),得6分;每提高10 m³/667 m²扣0.5分,扣完为止	
	5	化肥减量技术	5	应用缓(控)释配方肥替代传统化肥的,得2分;实施机插侧深施肥技术或机插缓混1次施肥技术等减量技术的,得3分;不符合要求的,扣2分~6分	
	6	农药减量技术	6	应用病虫害简约化防控技术(得1分)、种植诱集及蜜源植物(得1分)、悬挂蜂卡或性诱剂(得1分)、生物药剂防治(得1分)和生物降解膜覆盖机插控草(得1分)、截流网捞控草(得1分)等绿色防控技术的;不符合要求的,相对应扣分	
	7	生态种养模式	6	应用稻渔或稻蛙共生、稻鸭共育等生态种养模式的,得6分;未推广的,得0分	
	8	农产品质量安全	5	农产品质量抽检情况,本年度无不合格批次的得2分,出现一个不合格批次扣1分,扣完为止;持有绿色食品、无公害产品等农产品等级标识且在有效期的,得3分,未持有的,得0分	
环境	9	农药、化肥等包装废弃物	4	开展肥药废弃包装回收,田间地头无废弃包装残留的,得4分;不符合要求的,扣3分	
	10	废弃农药化肥等	3	对使用后剩余的化肥、农药等进行回收处理且田间地头无废弃残留的,得3分;不符合要求的,扣3分	
	11	稻田退水回用净化	6	按《稻田退水生态净化工程设计基本要求》(参照《数字生态稻田建设技术规范》执行)的规定对稻田退水进行拦截减污,经调蓄处理、灌溉回用后实现稻田退水超低排放的,得6分;不符合要求的,扣1分~6分	

表 A.1（续）

一级指标	序号	二级指标	赋分	评分标准	评分
资源	12	水稻绿肥轮作	1	采取冬季轮作豆科作物或绿肥植物,实现耕地质量不下降或稳中有升的,得1分;不符合要求的,扣1分	
	13	增施生物炭基有机肥	4	增施生物炭基有机肥(质量符合 NY/T 3618 的规定)的,得4分;不符合要求的,扣1分~4分	
	14	秸秆高效利用	5	秸秆综合利用率达95%(含)以上的得3分;90%(含)~95%的,得2分;90%(不含)以下的得1分;秸秆离田利用率达15%以上的,得2分	
	15	落实沼液消纳地	1	与畜禽养殖场签定沼液消纳协议,配套建设沼液输送、储存、灌溉等基础设施的,得1分;不符合要求的,扣1分	
	16	机械化减损收获	3	应用联合收割机前置粉碎作业减损收获技术,减少水稻收获环节籽粒损失率的,得3分;未使用的,得0分	
管理	17	实施使用准则制度	3	执行 NY/T 391、NY/T 394 规定的,得3分;执行不到位的,扣1分~3分;出现法律法规禁止行为的,一票否决	
	18	投入品出入库管理	6	开展投入品出入库管理,出入库台账完整、齐全的,得6分;不符合要求的,扣2分~6分	
	19	生产作业管理	6	建立《稻田生产农事管理综合记录台账》(参照《数字生态稻田建设技术规范》执行)制度,台账记录完整、齐全的,得6分;不符合要求的,扣2分~6分	
	20	农产品质量追溯管理	5	开展农产品质量安全追溯,使用农产品质量合格证的,得5分;未开展的,得0分	
形象	21	清洁美观情况	3	创建区外部形象清洁美观,得3分;形象较差的,扣1分~3分	
	22	督察反馈情况	3	及时整改效果良好的,得3分;不能及时整改效果较差的,得0分	
	23	承担活动情况	3	主动承担产业园办公室组织的各项活动的,得3分;没承担的,得0分	
合计得分					
奖补资金				奖补资金基数×评价得分÷100=	

附 录 B

（资料性）

水稻生产主体绿色发展水平评价指标解释

水稻生产主体绿色发展水平评价指标解释见表 B.1。

表 B.1 水稻生产主体绿色发展水平评价指标解释

一级指标	序号	二级指标	指标解释	数据及材料来源
绿色生产	1	绿色品种选用	通过 2 个及以上水稻品种合理搭配种植,有效控制稻瘟病发生,减少农药使用量和环境污染,提高农产品产量和品质	生产台账,现场勘察,影视佐证
	2	化肥定额施用	肥料定额施用强度＝化肥使用量(折纯量)总和(kg)/作物播种面积(667 m²),测算周期按照水稻季计算	投入品购货发票及出入库台账
	3	农药定额施用	化学农药施用强度＝化学农药使用量(折纯量)总和(g)/作物播种面积(667 m²),测算周期按照水稻季计算	投入品购货发票及出入库台账
	4	灌溉水定额使用	灌溉水总量＝灌溉水泵流量(或灌溉渠首流量)×灌溉时长,测算周期按照水稻季计算	生产台账
	5	化肥减量技术	通过施用缓(控)释配方肥替代传统化肥,采取机插侧深施肥或机插缓混一次施肥等施肥方法,达到化肥减量目标	生产台账,现场勘察,影视佐证
	6	农药减量技术	应用病虫害简约化防控技术、种植诱集及蜜源植物、悬挂蜂卡或性诱剂、生物药剂防治和生物降解膜覆盖机插控草、截流网捞控草等绿色防控技术,达到农药减量目标	生产台账,现场勘察,影视佐证
绿色生产	7	生态种养模式	应用稻渔或稻蛙共生、稻鸭共育等生态种养模式	生产台账,现场勘察,影视佐证
	8	农产品质量安全	稻谷产品质量符合 NY/T 2978 的规定	产品质量检测报告
绿色环境	9	农药、化肥等包装废弃物	对使用后的化肥、农药等农业投入品废弃包装物进行回收处理,做到应收尽收	生产台账,现场勘察,影视佐证
	10	废弃农药化肥等	对使用后剩余的化肥、农药等进行回收处理,做到应收尽收	现场勘察,影视佐证
	11	稻田退水回用净化	工程建设符合《稻田退水生态净化工程设计基本要求》(参照《数字生态稻田建设技术规范》执行)的规定,农田尾水通过净化处理后超低排放	现场勘察,影视佐证

表 B. 1(续)

一级指标	序号	二级指标	指标解释	数据及材料来源
绿色资源	12	水稻绿肥轮作	冬季轮作豆科作物或绿肥植物,实现耕地质量不下降或稳中有升的目标	生产台账,现场勘察
	13	增施生物炭基有机肥	通过增施生物炭基有机肥(质量符合 NY/T 3618 的规定)提高肥料利用效率,改善土壤物理性状,提升土壤有机质含量和生物活性	生产台账,现场勘察,影视佐证
	14	秸秆高效利用	除直接还田外,通过肥料化、饲料化、能源化、原料化、基料化等离田方式对秸秆进行综合利用,实现秸秆综合利用率达 95％以上	生产台账,现场勘察,影视佐证
	15	落实沼液消纳地	开展农牧对接、种养结合,帮助畜禽养殖场落实沼液消纳地	生产台账,现场勘察,影视佐证
	16	机械化减损收获	应用联合收割机前置粉碎作业减损收获技术,减少水稻收获环节籽粒损失率	生产台账,现场勘察,影视佐证
绿色管理	17	实施使用准则制度	是否按 NY/T 391、NY/T 394 的规定开展农业生产	生产台账,现场勘察,影视佐证
	18	投入品出入库管理	建立投入品出入库台账制度,真实、完整记载投入品出入库情况的过程	生产台账,投入品购货发票
	19	生产作业管理	建立《稻田生产农事管理综合记录台账》(参照《数字生态稻田建设技术规范》执行),真实、完整记载农产品生产记录的过程	生产台账
	20	农产品质量追溯管理	使用食用农产品合格证,农产品质量安全追溯覆盖生产全过程	生产台账,现场勘察,影视佐证
绿色形象	21	清洁美观情况	创建区外部形象清洁美观	日常监管,现场勘察,影视佐证
	22	督察反馈情况	对各级督察反馈意见及时整改且效果良好	日常监管
	23	承担活动情况	主动承担产业园办公室组织的各项活动情况	日常监管

附　录　C

（资料性）

稻田生态农业技术和措施应用情况

稻田生态农业技术和措施应用情况见表C.1。

表C.1　稻田生态农业技术和措施应用情况

类型	措施	是否采取	内容
土壤培肥	秸秆还田	□是□否	秸秆产生量：_____ t；还田面积：____ m² 秸秆还田量：_____ t/667 m² 其他方式利用量_____ t/667 m²
	轮作豆科作物ª	□是□否	种类1：____，种植面积：_____ m² 种类2：____，种植面积：_____ m²
	轮作绿肥植物ᵇ	□是□否	种类1：_____，种植面积：_____ m² 种类2：_____，种植面积：_____ m²
	缓（控）释配方施肥	□是□否	覆盖面积：_____ m²
	增施生物炭基有机肥	□是□否	覆盖面积：_____ m²
	其他措施（请说明）		
病害管理	品种间作	□是□否	间作面积：_____ m²
	其他措施（请说明）		
虫草害管理	种植诱集及蜜源植物	□是□否	植物名称1：____；控制面积：____ m² 植物名称2：____；控制面积：____ m² 植物名称3：____；控制面积：____ m²
	悬挂蜂卡或性诱剂	□是□否	天敌名称1：____；实施面积：____ m² 天敌名称2：____；实施面积：____ m²
	截流、网捞控草	□是□否	实施面积：____ m²；频率：__次/年
	机插覆膜控草	□是□否	覆盖材料：____；使用面积：____ m²
	其他措施（请说明）		

表 C.1(续)

类型	措施	是否采取	内容
灌溉措施	管道灌溉	□是□否	面积：＿＿＿＿＿＿＿＿＿＿ m²
	渠道漫灌	□是□否	面积：＿＿＿＿＿＿＿＿＿＿ m²
	其他灌溉措施（请说明）		
	用水量		m³/667 m²
	退水生态净化		是否符合《稻田退水生态净化工程设计基本要求》的规定

[a] 豆科作物:1.蚕豆 2.菜用大豆 3.豌豆 4.菜豆 5.刀豆 6.扁豆 7.长豇豆 8.黎豆 9.四棱豆 10.其他(请注明)。

[b] 绿肥植物:1.紫云英 2.金花菜 3.苕子 4.箭舌豌豆 5.草木樨 6.三叶草 7.田菁 8.菽麻 9.紫花苜蓿 10.紫穗槐 11.水花生 12.大叶猪屎豆 13.其他(请注明)。

附　录　D

（资料性）

水稻机插缓混一次施肥技术

D.1　技术概述

将不同释放速率的缓控释肥进行科学混合组配,使得混配肥料养分释放规律与优质高产水稻吸肥高峰同步。将缓混肥与水稻机插侧深施肥技术相结合,构建"水稻机插缓混一次性施肥技术",实现机插水稻"一次施肥、一生供肥"的效果。

D.2　增产增效情况

减少机插水稻施氮量 20% 左右、增产 6% 以上、节省施肥用工 3 次~4 次、稻米食味值增加 5% 以上。

D.3　技术要点：

D.3.1　核心技术

D.3.1.1　缓混肥料的选用:选用由多种缓控释肥经过科学组配形成的水稻专用缓混肥,氮释放特性与当地高产优质水稻需氮规律同步,要求粒型整齐、硬度适宜、吸湿少、防漂浮,适宜机械侧深施肥;根据测土配方施肥结果确定缓混肥的氮、磷、钾比例,肥料氮含量 30% 左右。

D.3.1.2　机插侧深施肥:精细平整土壤,耕深达 15 cm 以上,选用有气力式侧深施肥装置的插秧机,根据田块长度调整载秧量和载肥量,实现肥、秧装载同步;每天作业完毕后要清扫肥料箱,第 2 d 加入新肥料再作业。

D.3.1.3　精确诊断穗肥:水稻倒 3 叶期根据叶色诊断是否需要穗肥。如叶色褪淡明显(顶 4 叶浅于顶 3 叶),则籼稻施用 3 kg、粳稻施用 5 kg 以内的氮肥;如叶色正常(顶 4 叶与顶 3 叶叶色相近),则不用施用穗肥。

D.3.2　配套技术

D.3.2.1　精细整地技术:根据茬口、土壤性状采用相应的耕整方式,一般沙质土移栽前 1 d~2 d 耕整,壤土移栽前 2 d~3 d 耕整,黏土移栽前 3 d~4 d 耕整。要求机械作业深度 15 cm~20 cm,田面平整,基本无杂草、无杂物、无残茬等,田块内高低落差不大于 3 cm。移栽前需泥浆沉淀,达到泥水分清,沉淀不板结,水清不浑浊,田面水深 1 cm~3 cm。

D.3.2.2　壮秧培育技术:采用旱育微喷育秧技术等培养机插均匀壮秧,秧苗均匀整齐,苗挺叶绿,茎基部粗扁有弹性,根部盘结牢固,盘根带土厚度 2 cm~2.3 cm,起运苗时,秧块不变形、不断裂,秧苗不受损伤。

D.3.2.3　精确灌溉技术:移栽返青活棵期湿润灌溉,秸秆还田田块注意栽后露田,无效分蘖期至拔节初期及时搁田,拔节至成熟期干湿交替,灌浆后期防止早脱水造成早衰。

D.3.2.4　绿色防控技术:坚持"预防为主、综合防治"的方针,采用农业防治、物理防治、生物防治、生态调控以及科学、合理、安全使用农药的技术防治病虫草害。

附 录 E

（资料性）

全生物降解膜覆盖水稻机插生产技术

生物可降解膜覆盖机插种植技术是将生物可降解地膜与水稻机插技术相结合,实现覆膜和插秧一体化作业的技术。覆膜机插种植能够促进水稻生长,增加水稻植株干物质积累和氮素积累量,提高水稻氮肥利用率和产量;从生态效益上看,覆膜机插种植能够显著降低稻田甲烷排放量,抑制稻田杂草的生长,显著减少杂草群落的种类和密度;从生产效益上看,覆膜机插种植能够减少水稻生长耗水量,降低生产成本,提高生产效益,利用生物可降解膜替代塑料薄膜还降低了水稻覆膜生产中对环境的污染,为水稻绿色提质增效生产提供了新的途径。

E.1 本田整地

E.1.1 排灌渠系疏通:本田整地前清理好排灌渠系,保证水流畅通。

E.1.2 水耕水耙整地:覆膜插秧前3d～5 d,上水浸泡前茬作物收获后的板茬地2 d～3 d,上水要求一般以田面水层高处见墩、低处有水为准,如渗漏量或蒸发量过大需及时补水。泡田结束后使用拖拉机配套埋茬耕整机压埋前茬秸秆,耕整深度12 cm～15 cm为宜,然后带水耙地,耙至田面高低落差在0 cm～3 cm。

E.1.3 旱耕水耙整地:前茬作物收获后,旋耕或翻耕压埋前茬秸秆,旋耕深度以12 cm～15 cm为宜,翻耕深度以15 cm～18 cm为宜,黏土可适当深耕,沙壤土可适当浅耕。覆膜插秧前3 d～5 d,上水泡田,上水要求一般以田面水层高处见墩、低处有水为准,如渗漏量或蒸发量过大需及时补水。泡田2 d～3 d后带水耙地,耙至田面高低落差在0 cm～3 cm。

E.1.4 沉实:耙平后沙质土沉实1 d左右、壤土沉实1 d～2 d、黏土沉实2 d～3 d待插秧。

E.2 覆膜机插秧

E.2.1 全生物降解地膜选择

E.2.1.1 地膜材质:地膜材质符合GB/T 35795的规定。

E.2.1.2 功能期要求:薄膜覆盖降解开裂期30 d～50 d为宜,全生物降解膜覆盖功能期70 d～110 d为宜。

E.2.1.3 规格选择:选用黑色膜或银灰色非透光膜;薄膜厚度≤0.01 mm,通常宽度为190 cm～250 cm,宽度可根据当地插秧机型号选择。

E.2.1.4 物理性能:物理性能符合GB/T 35795的规定,纵、横向拉伸负荷≥1.5 N,纵向断裂标称应变≥150%,横向断裂标称应变≥250%;黑色膜或银灰色膜透光率≤10%。

E.2.2 地膜用量

单位面积地膜用量由所选薄膜的厚度决定,一般每667 m^2 用量5 kg～12 kg。

E.2.3 覆膜插秧一体机配置

地膜的铺设使用覆膜插秧一体机,该一体机由覆膜设备(市场购置或自行开发)和插秧机(可选洋马 VP6 系列高速乘坐式插秧机等)组装而成,覆膜设备轻便携带、拆卸灵活,形成覆膜、打孔、插秧一体精准连贯衔接的机械组合。覆膜插秧一体机组装后应符合 GB/T 20864 的规定。

E.2.4 覆膜机插秧作业

E.2.4.1 覆膜机插要求:覆膜机插前排出田面多余积水,排水后 12 h 内完成覆膜机插作业。覆膜插秧一体机下田后,先将地膜起始端贴紧地面压实,启动一体机进行覆膜、打孔、插秧,行至田间尽头时停止插秧,将地膜压实后,用刀具割断薄膜,抬起插秧设备。换行或换膜重复上述操作,直至完成大田插秧作业。

E.2.4.2 覆膜机插调试:通过调整插秧一体机,使秧苗栽插至覆膜设备所打的孔内,覆膜插秧效果测定可按 GB/T 6243 的规定执行。

E.2.4.3 秧苗选择:适宜秧龄 15 d~20 d,叶龄 3.5 叶~4.0 叶,苗高 12 cm~17 cm,苗基部宽 2 mm~3 mm,秧苗整齐一致,个体间差异小,叶色鲜绿,无黄叶,无病虫,根系盘结度好,不定根数大于 11 条,百株苗地上干重 2 g 以上。

E.2.4.4 栽插时间:日平均气温稳定超过 12.5 ℃,一般 5 月中旬既可开始覆膜插秧,6 月底以前结束。

E.2.4.5 栽插规格:一般行距 30 cm,株距 12 cm~16 cm(以 12 cm、14 cm 居多)或相应规格的宽窄行,每株 3 棵~5 棵苗。

E.2.4.6 栽插质量:插秧深度不超过 2 cm,深浅一致,行直穴匀,不伤苗,不窝根。插后及时查缺补苗,人工扶苗。

E.2.5 地膜管护

覆膜后至开裂期,加强地膜管护,人工查苗补缺时应行走在两行地膜之间的间隙处,并用长臂钳等工具扶倒苗、补漏苗,灌溉时采取小水慢流,防止人为踩踏或急流冲刷破损地膜。

E.3 缓混肥一次基施

E.3.1 施肥原则

按 NY/T 1118 的规定执行,根据土壤地力情况、水稻品种及目标产量确定施肥总量,施用由缓(控)释复合肥掺混而成的"缓混肥",提倡增施有机肥和微量元素肥。氮、磷、钾施肥比例一般为 1:0.3:0.5,肥料使用符合 NY/T 496 的规定。

E.3.2 施肥时期、方法与数量

E.3.2.1 基肥:在耕翻地前的板茬地上撒施基肥,或者在水耙整地前撒施基肥。一般每 667 m² 施纯 N 15 kg~18 kg、P_2O_5 4.5 kg~5.4 kg、K_2O 7.5 kg~9 kg,地力较差或有机质匮乏的田块基肥增施有机肥 250 kg~500 kg。盐碱地一般少施或不施用钾肥,可增施硫酸锌($ZnSO_4 \cdot H_2O$)0.5 kg~1 kg。

E.3.2.2 追肥:采取缓混肥一次基施后,通常不需要再追肥。对保肥能力较差的田块,在水稻基部第一节间定长、第二节间开始伸长(江苏地区一般 7 月下旬),根据水稻长势酌情施用穗肥,每 667 m² 可直接撒施尿素 3 kg~5 kg、硫酸钾 3 kg~5 kg 于已进入开裂期的地膜上。

E.4 全程湿润灌溉

E.4.1 苗期：采用喷淋、水肥一体等设备，水浆旱管，节约苗期用水。

E.4.2 覆膜移栽至拔节期：湿润灌溉，保持田间土壤湿润，0 cm～10 cm 耕层土壤田间持水量低于 75% 时进行补水，沿 2 行地膜中间的间隙处小水静流，田面灌溉水层深度≤1 cm。

E.4.3 搁田：群体苗数达到预期穗数 80% 时，即可断水搁田，多次轻搁，以达到田面有裂缝、地面见白根、叶挺色淡。长势差的地块可推迟搁田，至有效分蘖临界叶龄期，即使群体苗数不够，也需断水搁田，可带肥搁田以争取部分动摇分蘖成穗。

E.4.4 拔节至灌浆结实期：间隙湿润灌溉，干湿交替，以湿为主，每次灌溉水层深度 3 cm～5 cm 后，让其自然落干，直到地表无水，脚窝尚有浅水时，再灌溉水层 3 cm～5 cm，如此反复，保证土壤田间持水量应达到 80% 以上。

E.4.5 成熟期：水稻籽粒灌浆蜡熟末期，停止灌溉，一般断水时间不能早于出穗后 35 d；黄熟初期开始排水，一般在收割前 10 d 左右，遇降水量过多时，洼地需提早排水。

E.5 杂草防控及病虫防治

E.5.1 杂草防控

E.5.1.1 药剂除草：根据稻田杂草种类，选择高效、低毒、低残留的除草剂进行除草。本田除草剂使用应符合 GB/T 8321.10（所有部分）、NY/T 1276 的规定。水稻移栽后 15 d～40 d，应用植保无人机在 2 行地膜间隙处施药。防治稗草可选用二氯喹啉酸、稻杰等酰胺类除草剂和磺酰脲除草剂，防治阔叶杂草和莎草科杂草宜选用二甲四氯钠可溶性粉剂、灭草松水剂、吡嘧磺隆等，按药剂说明书进行使用，兑水均匀喷雾。

E.5.1.2 人工除草：搁田前，需人工清除地膜间隙杂草。搁田后，可根据杂草发生情况进行拔除。

E.5.2 病虫防治

病虫害防治同一般大田水稻生产管理，坚持"预防为主、综合防治"的植保方针，以生态控制为主，以绿色高质高效为原则，综合应用农艺、生物、物理和化学防治技术。病害防治应符合 NY/T 2156 的规定。拔节期防治纹枯病，破口前 5 d～7 d 防治稻曲病，破口期防治稻瘟病。虫害防治宜优先采用太阳能杀虫灯、性诱剂诱捕器、诱虫黄板等物理防治措施，利用及释放天敌等控制虫害的生物防治措施，辅助使用药剂防治措施。药剂防治按 GB/T 8321.10（所有部分）、NY/T 1276 的规定执行。**不得使用未在水稻上登记的农药品种。**

附　录　F

（资料性）

稻-鸭-萍-苕(游、蜜)鹅-稻周年循环种养技术

稻-鸭-萍-苕(游、蜜)鹅-稻周年循环种养融合技术模式是在稻鸭共作的基础上,优化升级组成的一项全新的技术,相比于稻鸭共作而言,稻-鸭-萍-苕(游、蜜)鹅-稻周年循环种养融合技术模式能够提高有机水稻产量、有效控制田间部分杂草、培育健康土壤。

F.1　种植苕子

发挥苕子强大的固氮能力,春季压青还田,提高了土壤肥力,可满足水稻生长需要;利用苕子的化感作用,抑制杂草的发芽,水稻生育期可完全不用除草剂。

F.2　放牧养鹅

利用秋冬季复种的苕子放牧养鹅,在苕稻鸭的基础上即不影响苕子翻耕压青,又增加了经济效益,实现了土地资源利用效率最大化。

F.3　苕子花蜜

苕子花期长达 30 d～45 d,沁蜜较多,可作为优质放蜂蜜源,每 667 m² 苕子可酿造 25 kg蜂蜜。苕子蜂蜜味气味清香,味道甘甜,结晶粒细腻而洁白,为上等蜜。

F.4　水稻栽插

选择优质食味稻米品种,培育健康个体、合理群体(宽行宽株栽植),按照绿色水稻栽培技术要点进行。

F.5　放养役用鸭

选择役用鸭品种,安装防护网(4 000 m²/单元～5 300 m²/单元)、搭建简易鸭棚、设置初放区,于机插秧后 10 d(手插秧后 7 d)每 667 m² 按鸭苗 15 只～18 只标准投放经驯水后的鸭苗。利用役用鸭在稻间野养,不断捕食害虫,吃(踩)杂草,耕耘和刺激水稻生育,能显著减轻稻田虫、草、病的危害。同时,排泄物又是水稻的优良有机肥,使水稻健壮生育,具有明显的省肥省药省工、节本增收和保护环境等多重功效。

F.6　投放浮萍

建立"桥梁田"繁殖绿萍,以便不断抛撒到田间作为鸭的辅助饲料,绿萍既是鸭的直接补充饲料,又能引来部分食萍昆虫,增加鸭的动物饲料;绿萍又有固氮功能,老化腐烂后是水稻优良的有机肥源。

F.7　适量添饲

除抛撒绿萍以外,在傍晚给鸭子添喂稻谷等饲料,以确保鸭子长架子对营养的要求,为提高鸭的商品性打好基础。

F.8　时间安排

6 月上旬插秧—6 月中旬稻田放鸭—9 月上旬收鸭出售—9 月中旬苕子套播—10 月上旬水稻收割—2 月中旬雏鹅引入—2 月下旬育成鹅放牧—4 月中旬肉鹅出栏—5 月上旬翻耕沤制—6 月上旬插秧。

水稻全产业链发展金融支持技术规范

1 范围

本文件规定了水稻种植前向产业链、水稻种植产业链、水稻种植后向产业链和水稻综合功能开发产业链等水稻全产业链发展金融支持规范。

本文件适用于水稻主产区水稻全产业链发展金融支持。

2 规范性引用文件

本文件没有规范性引用文件

3 术语和定义

下列术语和定义适用于本文件

3.1 水稻全产业链

包括以水稻种植为基础的纵向产业链和横向产业链。纵向产业链包括水稻种植产业链，如耕地修复、自用育秧、插秧、田间管理、收购、储存及运输等；前向产业链，如良种繁育、工厂化育秧及农资、农机等；后向产业链，水稻的加工及销售。横向产业链包括水稻综合种养产业链，如稻蛙共生、稻鱼共生、稻虾连作、稻鸭共育等，休闲农业产业链，如研学旅行、休闲观光、健康养老、科普教育等。

3.2 金融支持

政府(职能部门)、银行、证券、信托、保险等相关部门(机构)对水稻全产业链发展的重要环节和行为实施差别化的金融政策的集合。金融支持的重要环节和行为包括水稻育种、耕地修复、田间管理、生产服务社会化、仓储物流、精深加工、电子商务、品牌管理和水稻综合功能开发。金融支持的方式包括财政资金奖补、财政资金贴息、银行信贷、质押担保、征信管理、政策保险、商业保险、资本市场以及金融创新(如碳汇、碳交易)等。

3.3 "绿金通"

引导和鼓励从事水稻全产业链发展的个人和农业生产经营组织采用绿色低碳技术和产品以及满足农业生产经营资金需求，金融机构开展的以绿色信贷为主体的金融产品、服务和金融政策的总称，包括信贷管理、信用体系和担保质押等。

4 总则

4.1 绿色发展

贯彻"绿水青山就是金山银山"的理念，实施绿色金融，引导水稻产业绿色发展。

4.2 因地制宜

立足于颍上县水稻全产业链发展实际，实施行之有效的金融支持。

4.3　风险可控

坚持审慎合规,实现财政资金保值增值和金融风险总体可控。

4.4　重点支持

以水稻精深加工为重点,打造水稻全产业链;以水稻综合种养为重点,拓展水稻多种功能和乡村多元价值;以农村电商为重点,畅通水稻及其加工产品商贸流通渠道;以品牌打造为重点,提升水稻及其产品的价值链。

5　水稻种植产业链的金融支持

5.1　耕地修复

高标准农田建设、耕地休耕,执行国家相关专项资金支持方式和标准规定。使用达标有机肥进行土壤有机质修复,执行相关部门有机肥使用补贴政策。享受"绿金通"信贷优惠条件,贷款期限可以延展至1年。

5.2　田间管理

采用有机肥替代,执行相关部门有机肥使用补贴政策。采用物理方法除草、生物技术病虫害防治、浅湿节水灌溉,给予每亩不超过20元专项补贴。

5.3　水稻收购

执行水稻保护价收购政策,探索水稻目标价格收购价政策,允许高品质水稻溢价销售,溢价率应在保护价100%以内。

5.4　仓储物流

推广低温仓储技术,按照低温年仓储容量给予智能烘干、低温储存设备等固定资产建设和运行期间财政资金奖励和贷款规模100万元以上利息补贴,按照低温年仓储容量2万t以上、5万t以上和10万t以上3个等级分别奖励20万元、30万元和50万元以及固定资产投资贷款规模100万元以上基准利息的50%。鼓励种植大户建设低温仓储物流体系,比照上述标准资金奖励和利息补贴。低温仓储享受"绿金通"贷款优惠条件,贷款期限可以延展至2年,允许以固定资产账面价值和仓储货值作为担保和质押。

5.5　水稻种植社会化服务

5.5.1　个人或农业生产经营组织提供旋耕、插秧、灌溉、病虫害防治、收割、烘干、仓储等水稻种植社会化服务,生产经营所需资金比照"绿金通"项目办理绿色信贷。从事农业生产的个人和农业生产经营组织购置农业水稻种植所需机具全部以及育秧、烘干等方面成套设施装备享受农机专项财政资金补贴。允许从事农业生产的个人和农业生产经营组织按照购置农机账面价值和社会化服务业务收入作为担保和质押,享受"绿金通"项目绿色信贷。

5.5.2　县内市级及以上农业产业化龙头企业,采取社会化服务方式与县内水稻种植农户签定优质稻订单生产合同或托管面积达1万亩~1.5万亩的、达1.6万亩~2万亩、达2万亩以上,分别享受中央财政粮食目标价格专项补贴3万元、5万元和8万元。

5.6　水稻种植保险

5.6.1　按不同生长期分段确定赔付限额,水稻完全成本保险每亩水稻最高可赔付1 100元;水稻基础保险每亩水稻最高可赔付400元。当在保险责任范围内造成了水稻的损失,且损失率达到 25% 以上时,保险公司负责赔偿。

5.6.2　按水稻播种面积,水稻完全成本保险:每亩水稻保费 50 元,水稻生产的个人和农业生产经营组织缴纳 15 元,剩余的 35 元由各级政府补贴。水稻基础保险:每亩水稻保费 20 元,水稻生产的个人和农业生产经营组织缴纳 5 元,剩余的 15 元由各级政府补贴。

5.6.3　如果发生保险责任内的损失,水稻生产的个人和农业生产经营组织及时通知村委会,村委会对全村受灾的水稻做好统计后,向保险公司报案。保险公司进行损失现场核查,达成赔付协议后,赔款直接支付到农户提供的一卡通账户上。

5.6.4　暴雨、洪水(政府行蓄洪除外)、内涝、风灾、雹灾、冻灾、旱灾、地震、泥石流、山体滑坡;病虫草鼠蝗害。水稻完全成本保险还包括高温热害和低温冷害责任。

5.7　生态信用体系

建立个人或农业生产经营组织生态信用积分管理办法,结合乡村生态治理、农户生态行为的正负面清单评定星级,对符合生态信用评级的农户给予贷款支持。个人生态信用评定等级越高,贷款利率越低。

示例:

可将颍上县水稻种植的个人(或组织)生态信用积分的初始信用分为 500 分,根据生态保护信息、生态经营信息、绿色生活信息、生态文化信息和社会责任信息等维度构建的生态信用评价体系进行加减分,个人的信用从高到低可以设立 5 个等级。

a)　AAA 级(1 060 分以上):信用极佳;

b)　AA 级(1 000 分~1 060 分,含 1 000 分):信用优秀;

c)　A 级(850 分~1 000,含 850 分):信用良好;

d)　B 级(750 分~850 分,含 750 分):信用一般;

e)　C 级(750 分以下):信用差。

6　水稻种植前向产业链的金融支持

6.1　良种繁育

优质水稻品种繁育中高标准农田建设、耕地休耕、土壤有机质修复、使用可降解农膜、物理方法除草、生物技术病虫害防治、浅湿节水灌溉、固定资产投资项目,执行各级政府相关规定以及比照"5.1""5.2"予以补贴,并享受"绿金通"信贷优惠条件。技术研发和人才项目执行当地政策予以奖补。繁育省级以上(含省级)审定优质水稻品种,单个品种奖励不低于 50 万元。水稻保种场建设执行各级政府专项规定。推动良种繁育企业运用资本市场,通过发行绿色债券和股票进行融资。

6.2　工厂化育秧

成套设施装备享受农机专项财政资金补贴,固定资产投资项目和成套设施装备享受"绿金通"信贷优惠条件,允许按照固定资产投资项目和成套设施装备账面价值以及育秧预计收入作为担保和质押。

6.3　农资农机服务

比照"5.5"执行。

7 水稻种植后向产业链的金融支持

7.1 初加工和精深加工

稻谷清理、脱壳、碾米、烘干、分级、包装等大米成品粮及初制品等加工成套设施装备享受"绿金通"信贷优惠条件,贷款期限可以延展至 2 年~3 年。低温大米加工、大米表皮保全加工的成套设施装备在享受"绿金通"信贷优惠条件的基础上,再给予每吨大米 20 元的补贴。低温加工大米、表皮保全大米市场溢价比率应在同类型同品质大米市场平均价格的200%以内。采用新技术、新工艺,以大米、糙米、碎米等为原料,加工生产米制品食品等;以米糠为原料加工生产米糠油、米糠醋等,以稻壳加工生产饲料、板材、碳棒、土壤改良剂和发电等,所购加工成套设施装备享受"绿金通"信贷优惠条件,贷款期限可以延展至 2 年~3 年。允许以固定资产账面价值和加工货值作为担保和质押。

7.2 电子商务

借助电商平台、直播带货等模式进行稻米及米制品销售,年销售额在 500 万元~1 000 万元、1 000 万元~2 000 万元、2 000 万元以上,分别给予 50 万元、100 万元和 200 万元奖励以及仓储物流项目、货物贷款基准利息的 50%贴息。跨境电商另执行外贸外汇管理优惠政策。

7.3 品牌管理

稻米及米制品品牌新获省著名商标、中国驰名商标,按照产品品牌、产业品牌和区域公共品牌分别给予相应级别奖励。省著名商标每一个品牌奖励分别不低于 10 万元、20 万元和 50 万元,中国驰名商标奖励为相应品牌奖励的 2 倍,同一品牌获得不同级别荣誉称号,以最高级别发放奖励,不重复计算。地理标志产品奖励比照中国驰名商标。

7.4 融资管理

推动水稻加工企业运用资本市场,通过发行绿色债券和股票进行融资。加强水稻碳汇核算,试点碳市场交易。

7.5 技术研发

水稻种植、加工等科技创新,高效节水灌溉、废弃物循环利用等绿色发展技术的研发、集成和推广应用,按照企业 R&D 投入的 50%予以配套各级政府财政资金,高新技术企业享受"绿金通"信贷优惠条件和各级政府高科技企业专项资金奖补。推广政府和社会资本合作(PPP)、投贷款联动、风险投资等融资模式。承担国家绿色发展科研任务的个人和农业生产经营组织获得耕地租赁费用全额补贴和协助完成科研任务的劳务收入。

8 水稻综合功能开发产业链的金融支持

8.1 稻蛙共生

高标准农田建设、耕地休耕,专项资金支持方式和标准执行国家相关规定。固定资产投资项目和冷链物流成套设施装备享受"绿金通"信贷优惠条件,允许按照固定资产投资项目和冷链物流成套设施装备账面价值以及稻蛙货值作为担保和质押。农业经营组织示范带动农户从事稻蛙共生项目的,比照"5.5.2"执行。优质蛙苗繁育比照"6.1"执行。稻蛙初加工和精深加工、电子商务、品牌管理、融资管理和技术研发,比照第 7 章执行。

8.2 稻鸭共育

高标准农田建设、耕地休耕,专项资金支持方式和标准执行国家相关规定。固定资产投资项目和冷链物流成套设施装备享受"绿金通"信贷优惠条件,允许按照固定资产投资项目和冷链物流成套设施装备账面价值以及稻鸭货值作为担保和质押。农业经营组织示范带动农户从事稻鸭共育项目的,比照"5.5.2"执行。优质鸭苗繁育比照"6.1"执行。稻鸭初加工和精深加工、电子商务、品牌管理、融资管理和技术研发,比照第 7 章执行。

8.3 休闲农业

以水稻育种、水稻种植、水稻加工、农村风貌、农家生活、农耕文化为基础,开发农业与农村多种功能,提供休闲观光、农事参与和农家体验以及科普教育等服务,享受"绿金通"信贷优惠条件,允许农家乐、休闲农园、休闲农庄和休闲乡村按照固定资产投资项目账面价值和休闲农业收入作为担保和质押。推动休闲农业企业运用资本市场,通过发行绿色债券和股票进行融资。